Michael Frank

Schmalensee

MIX
Papier aus verantwortungsvollen Quellen
FSC® C004378

Grafische Gestaltung: Dorothea Löcker, Wien
Umschlagabbildung: IMAGNO/Votava
Druck und Verarbeitung:
EuroPB, s.r.o., Tschechische Republik
ISBN 978-3-7117-2096-2

Informationen über das aktuelle Programm
des Picus Verlags und Veranstaltungen unter
www.picus.at

Michael Frank

Schmalensee

Roman

Picus Verlag Wien

Herr Neudegger, der immerfort sägte, oblag neben dem Sägen noch einer anderen Leidenschaft: dem Messen. Herr Neudegger maß winters die Schneedecke und die Eisschicht, er maß sommers die Humuslage im Garten, er maß das natürliche Wachstum der Staubschicht auf dem Dachboden, er maß die Rußablagerungen im Ofen, im Kamin und auf dem Schnee ringsum, Herr Neudegger maß Baumrinden und Getreidehalme, er vermaß Ameisenstraßen und Spinnennetze, die Dichte des Mooses und die Zähigkeit des frischen Honigs. Herr Neudegger vermaß sogar mehrmals jährlich den Abstand zwischen den Gipfeln der Nördlichen Karwendelkette, auf die man vom Schmalensee aus immerwährend blickte, weil sie die weiten Buckelwiesen einrahmte mit ihren schroffen Wänden, er hatte sogar eine Gerätschaft dafür hinter der Holzlege errichtet, hatte einen sogenannten Franzosen auf ein Holzgestell vor ein Brennglas montiert, um von Zeit zu Zeit den Durchmesser von Sonne und Mond zu überprüfen und die Distanz der Tiroler Berge zum Wetterstein und umgekehrt.

Der Mann war ziemlich klein mit einem kugelrunden, wie gedrechselten Kopf mit glatten schwarzen kurzen Haaren, die sich so an den Kopf schmiegten, dass sie ihn noch runder machten, und er vertrat die These, alles in der Welt werde größer, weiter, dicker, mehr. Ja, größer, mehr, dicker, was schon groß und dick sei; kleiner, kürzer, zarter, was zart und zurückhaltend sei, aber das komme viel seltener vor als das Längerwerden und Anwachsen. Abstände würden weiter, Schichten stärker, Spalten breiter, ja, alles, die belebte Natur sowieso, wie zum Beispiel seine drei halbwüchsigen Kinder, die auch viel aufgeschossener waren als er, aber auch viel vorlauter und frecher, als er es selbst als Kind je zu sein gewagt hätte. Aber sogar die unbelebte Natur bewege sich in die Länge und Breite und Höhe, selbst die Gestirne und natürlich die Grate und Zinnen des Karwendels wüchsen heimlich und zögen sich auseinander, zu Zeiten natürlich, da man es nicht vermute, unmerklich stets, aber unbestreitbar, er hatte es ja nachgemessen.

Kaum der Rede wert, dass Herr Neudegger natürlich auch Dinge maß, die andere auch messen, die sogar massenhaft gemessen werden, gezielt und von Amts wegen, Sonnenstunden, Regenzeiten, Niederschläge, Temperaturen. Als wir Kinder in der noch kaum grauenden Dämmerfrühe an Herrn Neudeggers Haus vorbeikamen, einem Haus, das einmal eine Baracke des Reichsarbeitsdienstes gewesen war wie das unsere auch, das sich unter Herrn Neudeggers unablässigem Sägen und Nageln und Sägen und Nageln wundersam verwandelt hatte und noch immer wandelte, an diesem Morgen also stand Herr Neudegger vor seinem Haus und berichtete uns, denen er als den Ersten berichten konnte, wenn wir auf dem Schulweg vorbeikamen vor allen anderen im Dorf, die sich viel später erst sehen ließen, mussten sie ja nicht die Fünfviertelstunden zu Fuß ins Städtchen, da berichtete er uns also als den Ersten von seinem neuesten Triumph, nein, er schrie tonlos leise: zweiundvierzig Grad! Unten am Schmalensee habe er an diesem Morgen vor kaum einer Viertelstunde zweiundvierzig Grad unter dem Gefrierpunkt gemessen, zweiundvierzig Grad, er hauchte die Zahl, als wollte er sie mit seinem Atemdampf in die eisige Luft schreiben, als wäre die Ungeheuerlichkeit dieser Mitteilung hingeatmet noch viel ungeheuerlicher, als wenn er sie hinaustrompetet hätte.

Es war so kalt, dass uns Herrn Neudeggers triumphaler Beweis dafür, dass immer alles älter, wärmer, kälter werde, so auch hier, wo man schon einmal achtunddreißig Grad, sogar vierzig gemessen hatte, nie und nimmer aber zweiundvierzig Grad, dass also auch der Schmalensee, der eigentlich ein für die Gebirgswelt warmer Moorsee war, im Winter immer kälter werde und die Luft über ihm naturgemäß auch, diesen Beweis, diesen Weltbeweis vermochten wir gerade jetzt nicht zu würdigen, denn uns war so kalt, dass wir keinen Unterschied mehr zu spüren vermochten zwischen dreißig oder vierzig Grad, was machten da drei Grad mehr, oder fünf, oder fünfzehn, wir hätten nur wie verrückt weitergefroren, stapften, ohne Herrn Neudegger für seine epochale Mitteilung mit dem rechten Erstaunen zu lohnen, durch den schon fast gläsern knirschenden Schnee der Straße zu, am Seeufer vorbei, zweiundvierzig Grad, hin zur fernen Schule, die uns an solchen frühen Tagen noch entrückter, noch sinnloser, noch verwunschener erschien, als sie uns ohnehin schon vorkam, wenn wir nur an den langen Weg dachten. Und es ziepte so an den Augenlidern, wenn die Wimpern, immer leicht feucht, an solchen Frühtagen zusammenfroren und wir zu tun hatten, die Augen offen zu halten, buchstäblich.

Ob Herrn Neudeggers Messung etwas mit dem Abend zu tun gehabt haben könnte, an dem wir alle Prügel bekamen, man alle Kinder vom Schmalensee den Rohrstock schmecken ließ, den Teppichklopfer, den Handbesen, den Schürhaken, ganz nach dem Temperament oder dem erzieherischen Impetus der Eltern? Oder bei uns zu Hause den Rohling für den Stimmstock, wie Vater ihn in die Fideln einbaute, ein geheimnisvolles Hölzchen, das als Einziges nie verleimt oder sonst wie befestigt, sondern nur geklemmt wurde, ohne das die ganze Fidel nichts gewesen wäre, nicht geklungen hätte, das, war es einmal umgefallen, der Vater vor Konzentration und Anstrengung unglaubliche Grimassen schneidend mit dem merkwürdig wie ein Kleeblatt geformten Metallbesteck durch die schmalen Schalllöcher hindurch wieder aufzustellen suchte, was immer gelang, wenn auch nach mehreren vergeblichen Versuchen, und was immer ein großer Sieg war. Und diese runden, langen Rohlinge, von denen für die Stimmstöcke einfach abgeschnitten wurde, bissen auf dem Hintern wie eine Weidenrute oder wie Bambus, natürlich die für die Bassinstrumente oder wenigstens den Tenor, denn der dünne Diskant wäre sofort zerbrochen. Aber auch die dickeren brachen zum Glück leicht. Auch kam mit Bedacht kein Fidelbogenholz infrage, denn wenn das brach, war das Stück perdu, was immer eine Katastrophe war, denn alles, auch das Kleinste, was zu Hause kaputtging oder unbrauchbar wurde, war immer eine Katastrophe, zumindest schien es uns so, denn die Eltern machten dann Gesichter, die, ohne dass sie je jammerten, Sorgen von vier harten Wintern ausstrahlten und mir so kalt machten, dass ich am liebsten reiche Eltern gehabt hätte, nur um diese Sorgengesichter nicht sehen zu müssen.

Dass wir einer demonstrativen Strafaktion unterzogen wurden, war also dieses Mal nirgendwo dem Zufall oder dem spontanen Zorn überlassen, denn wir bekamen allesamt Schläge, auch die Kinder in den Häusern, in denen nie geschlagen wurde, nicht einmal der Hund oder die Hausfrau, also auch in diesen Häusern setzte es Prügel, für alle, auch für jene wenigen, die gar nicht dabei gewesen waren – man kann ja nie wissen, wozu es nützt, wovor es schützt –, auch dort lag diesmal schon ein Strafinstrument bereit, wurde eine Art Gerichtshof einberufen, der kurzum den Schuldspruch fällte, sofortige Exekution anordnete und die Züchtigung auch gleich selbst vornahm.

Unsere Reihe war lang, wie viele von uns acht Geschwistern wirklich dabei waren, vermag sich keiner zu erinnern, jedenfalls wir »drei Kleinen«, wie man uns immer nannte, wir waren es diesmal sicher nicht allein, selbst Reinhard, der große Bruder, der mir schon immer erwachsen vorgekommen war, seit ich mich seiner erinnerte, bekam diesmal etwas ab, wie es das vorher nie gegeben hatte und auch nachher nie mehr. Er müsse uns ja wohl nicht erklären, worum es ginge, sagte der Vater dunkel umwölkt. Und dass es ganz ernst war, erkannte ich an den Kiefermuskeln, denn wenn Vater auch immer den Schein des Unbewegten zu wahren suchte, so fielen die leisen, aber unübersehbaren Zeichen seines Grimms umso bedrohlicher aus, wenn er die schwarzen Augenbrauen zusammenzog und sich, wie finstere Vorboten ungehemmt ausbrechender Gewalt, die Schläfen spannten und die Kiefermuskeln unter der Haut so wild spielten, dass sie sogar unter dem großen dunklen Vollbart sichtbar wurden. Dass es ganz ernst war, diese Ahnung kroch kalt den Rücken herauf, weil Mutter diesmal besorgten Blickes still danebenstand und nicht, als Vater zu den ersten Streichen ausholte, wie sonst mit zwei Worten, ihren zwei Zauberworten, die Bedrohlichkeiten zerstreute, den Vulkan im Vater löschte, einfach ausblies, indem sie »... aber Karl!« sagte. Leise sagte sie das, beschwörend, bestimmt, weniger begütigend als zurechtweisend, vielleicht ihrerseits Bedrohlichkeit ausströmend, aber nicht für uns, eher für Vater, zumindest musste er es so verspüren, denn noch nie hatte er und würde er auf so ein »... aber Karl!« hin noch irgendeine Feindseligkeit uns Kindern gegenüber fortgesetzt oder zu Ende geführt haben. Nein, sein Kiefermuskelspiel schwoll dann immer auf Kürze noch an, verebbte aber allmählich, der unmittelbare Ausbruch schien meist abgewendet, manchmal so besänftigt, dass das Beben im angstvollen Schweigen des großen Vierecks des Familientischs versickerte, ein quälendes Schweigen, das für sich schon Strafe genug gewesen wäre, wofür auch immer. Oder die untergründig tobende Wut mündete wenigstens in eine mildere Variante familiärer Sanktion, die zumeist aus einer vom Delinquenten selbst zu vollführenden Drohgebärde äußersten Gewichts bestand, nämlich dass der Hauptübeltäter in die Werkstatt entsandt wurde, um von dort das allfällige Züchtigungsinstrument selbst mitzubringen, meist doch ein Fidelbogenholz, woran wir den Symbolcharakter der Drohung erkannten, oder in schlimmeren Fällen den geschilderten Stimmstockrohling, was derartiges Entsetzen verbreitete, oft schon allein zu Tränen unter Beteiligten und Unbeteiligten führte, was schon so viel Strafe war, dass es zu Tätlichkeiten eigentlich fast nie mehr kommen musste, oder sagen wir besser, nur sehr selten kam, und dann nicht mit dem Stimmstock, der ja doch nur als Drohung taugte, nicht aber als Züchtigungsinstrument, dafür war er viel zu brüchig, was den Schrecken dennoch nicht milderte. Eine gefährliche Gratwanderung übrigens, denn Geheule pflegte den Ingrimm des Patriarchen noch anzufachen. Diesmal aber stand Mutter, die den ohnehin sehr seltenen Züchtigungen, sofern sie nicht selbst spontan den Handbesen benutzte, grundsätzlich fernblieb, schweigend mit beinah unbewegter feierlicher Miene daneben und sagte nichts.

Ich wusste natürlich überhaupt nicht, worum es ging, bekam auch knappe, lässliche Streiche ab, eher symbolisch, während ich den älteren Geschwistern anmerkte, wie wenig sie die Hiebe selbst schmerzten, wie viel mehr dafür die Demütigung, in ihrem Alter noch Prügel zu beziehen, oder überhaupt, denn ich war mir sicher, noch nie beobachtet zu haben, dass etwa Reinhard oder Barbara, die mir ja, wie gesagt, schon immer erwachsen vorgekommen waren, überhaupt je etwas abbekommen hätten.

Ich hatte bis dahin gerade zweimal etwas abbekommen, ich glaubte mich, der ich mich bis heute an jede dieser Gelegenheiten minutiös erinnere, in dieser Stunde der Exekution genau an meine beiden einzigen vorherigen Hinrichtungen zu erinnern, von denen eine wie ein Donnerschlag aus heiterem Himmel gekommen war, während sich die andere auf unheilvolle und zugleich lustvolle Weise angekündigt hatte, gleichsam unausweichlich über mich gekommen war.

Das eine Mal, ich war vielleicht drei Jahre alt, waren es vier Ohrfeigen in blitzschneller Folge, zwei rechts, zwei links, die mich in die Zimmerecke schleuderten, in der ich völlig benommen aus meinen seligen Träumen erwachte, die mich in diese Lage gebracht hatten, so benommen, dass ich nicht einmal losheulte, wie man mir später berichtete. Ich hatte, winzig wie ich war, auf dem winzigen Schemel gesessen und mit einem winzigen Instrument, einer Nagelfeile vielleicht, in die schöne schwarze Holztafel neben mir winzige Ornamente zu graben begonnen, die sich so schön abhoben, weil, wenn ich grub und bohrte, der weiße Holzgrund aus der schwarzen Fläche hervortrat, so schön, wie ich das noch nie vorher gesehen hatte. Die schöne schwarze Holztafel war aber eine Wand des Bücherschranks gewesen, und Bücher waren zu Hause etwas ungemein Feierliches, etwas Heiliges und Ungeheuerliches, für Mutter, wie mir schien, manchmal die einzige Labe, die letzte Zuflucht vor der totalen Erschöpfung, und für Vater großer Stolz, so wie vielleicht der Herr Kämmer stolz auf sein Auto war, einen Volkswagen, das einzige weit und breit, weshalb der Bücherschrank naturgemäß ein edles, ja ein gebenedeites Gefäß war, so heilig wie der Tabernakel in der Kirche. Auch war er wahrscheinlich das einzige einigermaßen ansehnliche Stück unter all unseren Möbeln im Barackstil, wie die älteren Geschwister sagten, wiewohl sehr einfach, gerade und kantig, aber ein durchaus eleganter Kasten mit zwei Glasschiebescheiben, in den Kerben zu schnitzen wohl so viel bedeutete, wie die Bücher selbst zu zerschneiden.

Das andere Mal quoll das Unheil aus mir heraus in angstvoller Wollust, indem ich ums Haus, die Baracke, schritt, gravitätisch, ganz auf mich konzentriert, ungestört, allein. Das Haus war abgeschlossen, und warum ich allein, die Tür zu und niemand in Reich- oder Rufweite war, weiß niemand mehr, ich damals wusste es auch nicht, wusste nicht, dass ich vielleicht hätte die Hosen herunterlassen können oder sonst eine Gegenmaßnahme treffen, so wie ich merkwürdigerweise lange Zeit die einfachsten Dinge des Lebens nicht wusste. Es war wohl so, dass das Ereignis unausweichlich seinen Lauf nehmen musste, als ich erkannt hatte, dass das Klosett im Hause unerreichbar wäre und mir keine andere Möglichkeit eingefallen war, oder auch nur gedanklich zur Verfügung gestanden hätte, meiner Erleichterung auf konventionellere Weise dienlich zu sein. Es quoll weich und warm aus mir heraus und hüllte mich von hinten ein in unnachahmlicher Liebkosung, wie ich sie nie gekannt hatte und später kaum mehr erlebt habe, bis mir, Erleichterung verschafft, die Hose voll und nach Augenblicken der wärmenden Glückseligkeit die Angst nackt und furchtbar war. Einer anderen Gelegenheit, dass ich in die Hosen gemacht hätte, entsinne ich mich nicht, nur dieser verwegen lustvollen, die erst durch eine umständliche rituelle Reinigung und dann mit einer umständlichen rituellen Tracht Prügel geahndet wurde, zu der ich, frisch gewaschen, mit dem Handtuch um die Schultern wie ein römischer Triumphator hatte antreten müssen, oder vielmehr wie ein armer Christ, um in der Arena von einem blindwütigen Gladiator abgeschlachtet zu werden. Was die volle Hose so verwerflich hatte machen können, war mir nie aufgegangen, war ich doch einer, der des Öfteren nächtens ins Bett pieselte, was immer ein nasskaltes Erwachen von den bepissten Laken und vom Angstschweiß war, was aber von Vater unter heftigstem Spiel der Kiefermuskeln schweigend hingenommen wurde und von Mutter mit stiller Resignation, zumal wenn, was nie gut roch, im Winter die Leintücher über dem Ofen im Wohnzimmer als dem einzigen stets geheizten Ort im Hause zum Trocknen aufgehängt werden mussten, weil sie draußen sofort im Frost steifgefroren wären.

Das hätte zu schwereren Verlusten an kostbarer Wäsche führen können, denn wenn man mit den durch plötzliche Kälte gefrorenen Textilien unbeholfen umging, brachen sie in den Händen wie Pappe, verloren Hemden Ärmel und Kragen und waren nur mehr als Putzlumpen zu brauchen. Um die Eiswäsche zu retten, war es nur der Mutter gestattet, sie von der Leine zu nehmen, wir durften sie uns allenfalls auf die ausgestreckten Arme stapeln lassen, um sie hineinzutragen, wie man sonst die Holzscheite, die einem jemand auf die Arme gestapelt hatte, zum Herd hineintrug, nur viel vorsichtiger, und dass die Frostlaken viel leichter waren.

Ich habe immer Nachthemden geliebt, lange Nachthemden, dicke Nachthemden, nicht weil ich gefroren hätte, im Gegenteil, mir war nicht selten zu warm, ich schwitzte eher, als dass mich fröstelte, dennoch waren mir die dicken Nachthemden die liebsten, wohl auch, weil man in ihnen, wenn man schon schwitzen musste, nicht so feucht lag, weil das dicke Flanell alles aufsaugte. Kurze Nachthemden habe ich immer gehasst, nicht nur weil sie sich immer hochrollen und den halben Menschen bloßlegen, sondern weil sie immer das Symbol für besonders harten, ja gefährlichen Frost waren, denn als irgendwann einmal mein Kindernachthemd unten abgeschnitten wurde, wohl weil es zerschlissen oder sonst wie untragbar geworden war, verband ich das damit, dass es nach dem Waschen draußen im strengen Frost zerbrochen sei, weil jemand, den ich nie erriet und dem ich nie etwas nachweisen konnte, absichtlich unachtsam damit umgegangen wäre, natürlich deshalb, weil ich gerade dieses Hemd so liebte.

Der Vorfall mit dem Abschneiden muss eine Maiangelegenheit gewesen sein, was sich unabweislich daraus ergibt, dass ich als scheinheiligen Trost für die grausame Verkürzung des Nachthemds einen winzigen Schokoladenmaikäfer bekam, denn ich muss gemault, gejammert, ja vielleicht sogar erbärmlich geheult haben, was ich ganz selten tat, und so kam einer dieser Schokoladenkrabbler zum Vorschein, die es sonst nie gab, die es allenfalls zu ganz großen Anlässen gab, wenn etwa Tante Dora zu Besuch kam, die gar keine wirkliche Tante war, aber der einzige Besuch, der sich weigerte, Mutters striktes Süßigkeitenverbot zu befolgen, zu dem hinter unserem Rücken alle Besucher so dringlich wie heimlich angehalten wurden. Wenn es gar Himbeerbonbons gab, dann färbten wir uns die Lippen mit dem Süßzeug, machten eine spitze Schnute und spielten »feine Dame«, indem wir das Gehen mit Stöckelschuhen simulierten. Also so ein Krabbelschokotier aus Tante Doras verborgenen Süßigkeitenschätzen sollte mich über mein Unglück hinwegtrösten, im Mai offensichtlich, in einer lindgrünen Zeit mit Sonne, deren Nächte in dieser Höhe im Gebirge aber noch so kalt sein konnten, dass die dicken Nachthemden selbst der sonst um unsere Gesundheit wenig ängstlichen Mutter noch immer angezeigt schienen. Trotzdem blieb ich dabei, dass mein Nachthemd im Frost mutwillig zerbrochen worden sei, was, einmal die Mutwilligkeit ausgenommen, wirklich so gewesen sein kann, denn oft lag an den herrlichsten Maitagen noch in der Sonnenfrühe als klarer Gruß der Gebirgsnacht Eis auf den Pfützen und auch auf der Lache in der Zinkwanne, die um diese Zeit schon als unseren Verhältnissen angemessenes Freibad im Garten unter dem großen Wasserhahn stand, der auf seinem langen, dünnen Rohr einfach aus der Wiese ragte.

Mutter stand also da, sah blass und ernst aus und war offenbar durch nichts zu dem erlösenden »... aber Karl!« zu bewegen. Sie sagte diese Worte selten, hatte wohl ihren impulsiven Gatten, in dem Geysire der Wut in Sekundenbruchteilen aufbrausen konnten, im Laufe des gemeinsamen Lebens mit der Kraft impertinenter Sanftmut gut gezähmt. Ein Leben, das ja ein Ausbund von Harmonie und edlem Verständnis hatte sein sollen, das vieles davon zeitweilig vielleicht sogar war, und wenn nicht wirklich, so doch gut und edel aussehen sollte, ja, zu gut und zu edel gespielt wurde, derart, dass wir Kinder unsere Eltern nie haben streiten sehen, nie einen heftigen Wortwechsel erlebten, nie vor uns auch nur Meinungsverschiedenheiten angesprochen, geschweige denn ausgetragen worden wären, sodass dieses »... aber Karl!« den absoluten Höhepunkt aller denkbaren Konfrontation abgab.

Das muss auch ein wirkliches Kräftemessen gewesen sein, in dem Mutter Vater so zu zügeln gewusst hatte, dass meistens, war sie anwesend, die cholerischen Anfälle direkt in die Kiefermuskeln mündeten, dass sie sich ohne tobende Umwege im Spiel der Gesichtsmuskulatur eines nach außen scheinbar ungerührten Gesichts auslebten.

War sie nicht da, so konnte es gehen wie mit dem Dreirad, um das sich drei der Älteren so lange rauften, bis der Vater den Streitfall dadurch bereinigte, dass er das herrliche und einzige gemeinsame Spielgerät der Kinder ergriff, in der Holzlege auf den Hackstock stellte und mit der riesigen Arbeitsdienstaxt zertrümmerte. Dieser Axt, mit der man ohne Weiteres halbe Baumstämme spalten konnte, dieser Weltenrächeraxt fiel irgendwann einmal eben der Urteilsspruch wegen der Verfügungsstreitigkeiten über das große Schaukelpferd anheim, das mehr als drei Reiter einfach nicht aufzunehmen vermochte. Ein Richtspruch, der sich nach drei gewaltigen Streichen in einem armseligen Haufen gesplitterten Holzes niederschlug.

Wie groß die Wut war und welche Kräfte sie verlieh, erkannten wir erbebend an dem Kartenspiel, das nach Vaters Ordnungsvorstellungen von uns entschieden zu unachtsam gehandhabt wurde, das, obwohl nur wenige Tage neu, schon Eselsohren und andere Spuren ungestümen Spiels aufwies, was besonders vom »rasenden Knatterton« kam, einem Spiel, bei dem es auf die Blättergeschwindigkeit ankam und das eigentlich »rasender Teufel« hieß, was aber unsere ungemein fromme Schwester Gertrud wie eine böse Beschwörung in der Seele schmerzte, was wiederum Mutter gefiel, die auch ungern hörte, wenn des Teufels Namen von uns oder anderen im Munde geführt wurde. Barbara schlug ersatzweise den »Knatterton« vor, der ihr so gefiel, weil sie heimlich in einer illustrierten Zeitung die Zeichenbildergeschichten von Nick Knatterton gelesen hatte, dem rasenden Detektiv, was eigentlich strengstens verboten war, denn Comiclesen war Sünde zu Hause. Aber als Barbara den Comichelden Nick Knatterton vorschlug, um dem Teufel ein Schnippchen zu schlagen, merkten die Eltern gar nichts, was bewies, dass sie das, was sie uns verboten hatten, selbst nie angeschaut haben.

Dieses herrliche bayerische Blatt mit Schellen statt Karo und Gras statt Pik und Eicheln statt Kreuz raffte Vater nach ein paar knirschenden Ermahnungen plötzlich mitten im Spiel zusammen und zerriss es mit einem Griff in einem Stapel, so wie der berühmte Graf Luckner die Telefonbücher zerrissen hat, weswegen er ein weltberühmter Seeheld wurde, was ein normaler Mensch gar nicht kann, schon gar nicht auf einmal ein Kartenspiel zerreißen. Der Vater tat es. Dann kam es in den Ofen. So hat man mir das eigentlich nie geglaubt. Wenn ich anderen Leuten erzählte, mein Vater hätte in einem Streich ein Kartenspiel zerrissen, meinten alle, ich wollte nur damit angeben, wie stark mein Vater sei, dabei wollte ich nur seine Wut erklären, denn was das für ein Kraftakt gewesen war, ist mir erst viel später bewusst geworden, so wie mir die wahre Größe des Grafen Luckner lange Zeit ein Rätsel geblieben ist.

Dass Vater ein starker Mann war, wussten wir nicht nur, weil er der Vater war und damit der Stärkste, stärker als die meisten, wenn nicht der stärkste Mensch, den es gab auf der Welt. Ganz sicher war er viel stärker als Herr Neudegger oder Herr Kunzmann oder dessen rotzfrecher Sohn, den wir Kunse nannten, der schon deshalb viel stärker war als ich, weil er viel älter und größer war. Vater war auch stärker als der Schandl Paul, der schon sehr stark war, der Stärkste sicherlich, wenn der Vater nicht gewesen wäre. Aber das half

Vater nichts, als dem Schandl Paul seine Wiese zu klein wurde, die rings um unser Haus lag, weil dem Schandl Paul, dem »nodigen Krippe«, so sagten die Leute, was so viel heißt wie »geiziger Krüppel«, neben der Wiese ums Haus auch das Haus selbst und der Garten gehörte. Drum meinte er irgendwann, seine Viecher hätten zu wenig Heu im Winter und er brauche unseren Garten zu seiner Wiese dazu, damit er noch mehr Heu machen könne. Und so nahm der Vater die riesige Axt und hieb die großen Balken um, die wie ein mächtiger Galgen mitten in unserem Garten standen und die Schaukel trugen, die schönste Schaukel der Welt, weil man mit ihr alles, den Bach, den Schandl-Stadel und den Karrner-Stadel, sogar den Bahndamm anders und besser sah als sonst, wenn man ganz hoch schaukelte. Wenn man am höchsten schaukelte, dann konnte man über dem Bahndamm sogar den großen Baum sehen, die fünfstämmige gewaltige Kiefer, die man sonst nicht sehen konnte und von der Mutter sagte, dass sie den alten Heiden bestimmt schon als heiliger Baum gegolten habe und sie sich unter ihr versammelt hätten, um wichtige und heilige Dinge zu besprechen. Wir bestiegen den geduldigen fünfarmigen Riesen unentwegt und befehligten von dort aus Germanenheere und Indianerstämme, und die erste heilige und wichtige Sache, die ich unter dem großen Baum lernte, war die, ganz ruhig und harmlos, als schliefe man, auf dem Rücken zu liegen und zu warten, bis die Mädchen vorbeikämen, denn wenn die Mädchen über einem vorbeigingen, könne man ihnen unter den Rock schauen. Mein Lerneifer hielt sich in Grenzen, weil mir nicht klar wurde, warum man den Mädchen unter den Rock schauen sollte, sogar musste, weil das offenbar etwas ganz Wichtiges, ja das Tollste überhaupt war, wie uns der Kunse zu versichern verstand, was die anderen vielleicht begriffen, ich jedenfalls nicht. Die Mädchen ihrerseits hielten das offenbar für ein ganz gefährliches Spiel, denn zumindest wenn der Kunse dabei war, achteten sie peinlich darauf, dass ihnen niemand unter den Rock schielen konnte, und wenn, wurden sie ganz böse.

Den großen Baum also konnte man sehen, wenn man ganz hoch schaukelte, und wer am allerhöchsten schaukelte, der konnte vom Gerberkreuz an der Westlichen Karwendelspitze vorbei über die Viererspitze hinweg bis zum Wörner schaukeln und zurück, und die Karwendelspitze hatte immerhin zweitausenddreihundert Meter über dem Meeresspiegel, was man aber nicht sagen durfte, denn dann geriet der auf Maße und Gewichte versessene Herr Neudegger außer sich und schrie, das heiße nicht über dem Meeresspiegel, sondern über Normalnull. Diese wunderbarste aller Schaukeln, mit der sogar ich, der Kleinste, wenn ich ganz mutig war, den großen Baum sehen und über die Viererspitze hinwegschaukeln konnte, die musste der Vater umhacken, weil dem Schandl Paul seine Viecher nicht genug Heu zu fressen bekamen im Winter. Immer wenn Vater mit der Axt ins Holz hieb, rief er keuchend »Grüß Gott, Herr Huber«, was sonst sein aufmunternder Arbeitsruf war, diesmal aber war es ein Fluch, als wollte er dem Schandl Paul den Kopf abschlagen, der einen Galgen mit einer Schaukel für acht Kinder umlegen ließ, mit der man nicht nur den großen Baum sehen und über die Viererspitze schaukeln konnte, sondern die so stabil war, dass sogar der Vater selbst, von dem alle sagten, dass er ungeheuer schwere Knochen hätte, darauf ganz hoch schaukeln konnte, mit jemandem von uns auf den Knien, so fest, so stark war sie. Mit Vater zu schaukeln, das waren selige Momente, das waren Augenblicke kühner Geborgenheit, in denen das Abenteuer sich mit absoluter, unumstößlicher Sicherheit verband, denn auf Vaters Knien ruhte man fraglos noch unangreifbarer als in Abrahams

Schoß, auch wenn man noch höher kam als der ganze Karwendel. Wenn er uns in bestgelaunten Momenten in die Luft warf, war das das Gegenteil, denn wir fürchteten uns, so durch die Luft zu fliegen, auch wenn es keine Zweifel gab, dass der Vater uns sicher auffinge, so war das doch ein zu luftiges Abenteuer, das uns äußerste Beherrschung abverlangte, denn hätten wir zu heulen angefangen, wonach uns bei dieser Prozedur durchaus gewesen wäre, dann hätten wir Vaters beste Laune in tiefe Enttäuschung getaucht über die Verzagtheit seiner Brut, der er doch zeitlebens gerne genauso viel Kühnheit zugetraut hätte wie sich selbst.

Zweiundvierzig Grad! Unter dem Gefrierpunkt. Bei etwa neunhundertachtundachtzig Metern über Normalnull. Was für ein Triumph für Herrn Neudegger und was für ein Glück für mich. Als wir nämlich an diesem klirrenden, von Blassgraublau ins fahle Orange des Frühlichts wechselnden Morgen weitergingen, am Seeufer vorbei zur Straße, da kam das Glück in Gestalt zweier riesiger Neger vorbeigefahren, wie man damals noch sagte, die jeden Morgen von einem Standort weiter weg in die Gebirgsjägerkasernen bei unserem Städtchen fuhren, wo sie als »Besatzungsmacht« stationiert waren, was immer das bedeuten mochte. Wir Kinder vom Schmalensee, die wir inzwischen mindestens neune waren, weil sich einige aus den anderen Häusern unten am See angeschlossen hatten, wir dauerten die beiden gemütlichen schwarzen Riesen, die uns im weißen Winterland immer besonders wunderbar vorkamen, beinahe wie schwarze Nikoläuse, die, weil aus Schokolade, ja auch schwarz waren, nur die Uniform stimmte mit der Nikolausuniform nicht ganz überein. Weil Nikoläuse Kinder lieben, liebten auch die riesigen Neger die Kinder und nahmen sie deshalb ein Stück des Fünfviertelstundenwegs in ihrem Auto mit, das uns ziemlich groß vorkam. Die beiden schaufelten uns einfach alle auf die Rückbank, alle neune, kreuz und quer, das war ein Quietschen erst, aber dann war es warm und ruhig und alle waren froh, dass wir nicht die ganze Zeit durch Herrn Neudeggers zweiundvierzig Grad hatten in die Schule gehen müssen. Nach vielleicht einem Kilometer bemerkte jemand, dass die rechte Wagentür nicht richtig schloss, dass da ein Spalt war, durch den es verteufelt hereinzog. Die war nicht zugeschnappt, weil ich, der ich, zwei Valli-Kinder auf und über mir, direkt hinter der Tür kauerte, die mittleren drei Finger meiner linken Hand im Spalt hatte,

hatte ich mich doch beim Hinsetzen einfach mit der Hand am Türholm festgehalten und nicht mehr ausgelassen, auch als die Tür zuschlug. Und als alle meine blauen, zusammengequetschten Finger sahen, war das Entsetzen groß, nur ich wusste wieder einmal nicht richtig, worum es ging, denn ich hatte überhaupt nichts gespürt, hatte selbst nicht bemerkt, dass meine drei Finger von einer Autotür zerquetscht worden waren. Erst als in der Schule die Hände warm wurden, kroch aus ihnen ein verteufeltes Ziehen hoch, da musste selbst ich, dem selten etwas wehtat oder der sich selten etwas anmerken ließ, vor Schmerzen wimmern, was dem Lehrer Brummer erst recht die Sorgenfalten in die Stirn kerbte, die er immer bekam, wenn er unserer, der armseligen Kreaturen vom Schmalensee, ansichtig wurde.

Der Lehrer Brummer sagte, so seien nicht einmal die Nazi mit den Kindern umgegangen. Der Herr Oberlehrer, so sein richtiger Titel, war der Einzige im Städtchen, den ich je etwas von Nationalsozialisten habe sagen hören. Wenn es nach den anderen gegangen wäre, hätte es die Nazi wohl nie gegeben, außer dass unsere Eltern sie gelegentlich erwähnten. Der Oberlehrer Brummer jedenfalls sprach manchmal von den Nationalsozialisten, was meistens mit uns zu tun hatte, den Kreaturen vom Schmalensee, die den Lehrer Brummer so erbarmten, dass er sogar etwas Gutes an den Nationalsozialisten finden konnte, die er sonst, wie er meistens nur zu Hause vor seiner Frau sagte, gehasst habe wie Abschaum, die keine Kultur gehabt hätten, die als Führer den schrecklichsten Verbrecher der Menschheit gehabt hätten, die auch ungeheure Verbrecher gewesen seien, die sich heute darauf hinausreden wollten, dass der Führer ein so schrecklicher Verbrecher gewesen sei, sie alle aber nur ihre Pflicht getan hätten, man ihnen also nichts vorwerfen, nichts anhaben könne, denn Seine-Pflicht-Tun sei nun mal sehr deutsch und deshalb gut, gut deutsch, ob unter dem Kaiser, ob unter den Nationalsozialisten, die sie selber gewesen waren, oder unter der Republik. Nein, sagte der Lehrer Brummer, die Nazi seien so furchtbar gewesen wie dieser Führer, noch schlimmer, denn dieser Führer habe sich ungeheure Verbrechen ausgedacht, die anderen aber hätten sie alle ausgeführt ohne nachzudenken, was noch viel schlimmer sei, sagte er zu Hause zu seiner Frau, was ich mithören konnte, weil ich auf dem langen Schulweg am Brummerhaus vorbeikam, dort manchmal klingelte, um dem Lehrer die Tasche zu tragen, um mich

Liebkind zu machen und mit der Ehre brüsten zu können, dem Herrn Oberlehrer Brummer öfter mal die Tasche tragen zu dürfen, wobei ich gelegentlich das Ende des Frühstücksgesprächs vom Flur aus mithören konnte, wo ich mich, weil oft zu früh, beim Warten etwas aufwärmen durfte, verfroren, wie ich eigentlich meist hätte sein müssen aus Sicht der Brummers.

In der Schule erboste sich der Lehrer Brummer manchmal darüber, dass auch die Tatsache, dass die Nazi die größten Weltverbrecher gewesen seien, keinen Grund dafür abgeben könne, die Regeln der Rechtschreibung zu missachten. Alle, die, wenn sie die Nazi überhaupt erwähnten, Nazis sagten, also mit einem »s« am Schluss, bekamen es mit dem Lehrer Brummer zu tun, weil es ein Regelverstoß erster Güte sei, wie man auch in den Zeitungen lesen müsse, so der Lehrer Brummer, denn die Nazi würden wie die Israeli und Pakistani auch korrekt nur ohne »s« geschrieben und gesprochen, also Nazi. Es schade uns nichts, das zu wissen, auch wenn wir von den Nazi noch nicht viel gehört hätten, aber wir würden noch einiges von ihnen zu hören bekommen, hauptsächlich Lügen, dann sollten wir wenigstens diese Schlamperei, ja diese Lüge widerlegen können, dass sich die Nazi mit

»s« schrieben. Also ohne »s«, auch wenn niemand heute überhaupt über diese Leute rede, schon deshalb, weil man im Städtchen nicht zugeben wolle, dass man die Nazi unheimlich fesch gefunden hatte und dass man sie mochte, weil die Nazi das Gebirge gemocht und verehrt und das Bergsteigen als die schönste und härteste Schule der Deutschen Nation gepriesen hätten, weshalb sie auch die Gebirgsjäger bis in den Kaukasus geschickt hätten, weil sie glauben wollten, wenn nur Gebirgsjäger auftauchten, dann gingen diese ganzen Bolschewiken und Tataren und Asiaten von allein laufen. Der Herr Lehrer Brummer, der uns immer sehr fürsorglich und sorgsam vorkam, strich manchmal manchen Schulkameraden über den Scheitel und sagte, wenn sie das nicht glauben wollten, dann sollten sie nur mal fragen, warum sie keinen Vater im Hause hätten. So viele im Städtchen hätten keinen Vater im Hause, weil die Nazi unbedingt den Kaukasus hätten erobern müssen. Und das Schlimmste sei, dass die wenigen, die doch zurückgekommen seien und deren Verwandte und Söhne und sogar der Benefiziat, der immer von der Kanzel herunter so brüllte, dass ihm auch die härtesten Gebirgsjäger alle Sündenstrafen und die ewige Verdammnis glauben mussten, behaupteten, sie hätten ja auch den Kaukasus wirklich erobert, und der Asiate sei nur so davongespritzt, aber der Führer, dieser Verbrecher, habe alles verdorben und sie selbst könnten gar nichts dafür. Übrigens sei der Kaukasus ein schönes, weites Gebirge, aber nicht so schön und zackig wie der Karwendel.

Wenn der Lehrer Brummer mich nach Schulbeginn immer so platzierte, weg von meiner gewöhnlichen Schulbank, dass ich es recht warm hatte, aber nicht zu nahe an den Heizkörpern saß – denn der Lehrer Brummer fürchtete, irgendwann würden mir die gefrorenen Finger abfallen und vielleicht die Nase, wenn ich direkt aus der grausamen Kälte an die heiße Schulheizung käme –, wenn er meine Wollstrümpfe eigenhändig auf die Heizung gelegt hatte, zum Trocknen und Wärmen, dann murmelte er manchmal, nicht einmal die Nazi, diese ungeheuren Verbrecher, seien mit Kindern so umgegangen, nein, die hätten die großen Familien gehätschelt und getätschelt, weil das alles Kinder für den Führer gewesen seien.

Aber was jetzt mit uns Kreaturen vom Schmalensee passiere, Fünfviertelstunden zur Schule, bei zweiundvierzig Grad, kein Autobus, obwohl die Bundesstraße 2 vorbeiführte, nichts halte, kein

Zug, obwohl auf dem großen Damm die berühmte Mittenwaldbahn rund um den Schmalensee fahre, jene berühmte Strecke, die schon in den zwanziger Jahren elektrifiziert worden sei wegen der ungeheuren Steigungen, weshalb ich zum Beispiel als Kind keine Dampflokomotive kannte und selten eine Diesellokomotive sah, was sich später als ein ungeheures Glück erwies, als wir nach Westfalen gezogen waren, wo lauter Dampf- und Diesellokomotiven herumfuhren. Als dann durch unseren neuen Ort in Ostwestfalen über die Weserbrücke und durch den Bahnhof an einem Samstag von einer schweren Diesellok eine leibhaftige Elektrolokomotive geschleppt wurde, da war das über Wochen in der Schule das einzige Gesprächsthema unter uns Buben, und es wurde abgezählt, wer die Elektrische gesehen hatte und wer nicht, und die, die sie nicht gesehen hatten, waren arme Teufel, denn die hatten den Fortschritt nicht gesehen, außer mir natürlich, der ich beiläufig und natürlich immer wieder, aber mit Verachtung, einwarf, dass ich schon immer am Bahndamm gewohnt hätte, auf dem täglich zigmal und immer und ausnahmslos Elektrolokomotiven gefahren seien, manchmal sogar zwei, eine vorne und eine, die von hinten den Zug schob, damit er den Berg hinaufkäme, der genau auf dem Bahndamm genau über unserem Haus den höchsten Punkt hatte, weshalb die zweite Elektrolokomotive immer genau über unserem Hause abgekoppelt, langsamer geworden, stehen geblieben sei, um rückwärts zum einen oder anderen Bahnhof zurückzufahren, während ich im hohen, trockenen Gras oder in den Lupinen, die am Bahndamm standen, oder im meterhohen Schnee verborgen alles ganz genau anschauen, studieren und mir merken hatte können, ohne dass mich die Lokführer gesehen und als Spion oder als denjenigen erkannt hätten, der manchmal Steine auf die Gleise legte, damit sie die Lokomotive malmend zu Staub zerknackte. Oder der die kleinen Münzen auf die Schienen legte, damit sie dann hinterher handtellergroß, nach meinen Kinderhänden handtellergroß, als technische Attraktion herumgezeigt werden konnten, als ein Produkt des kalten Schmiedens, wie ich mir das ausgedacht hatte, nicht wissend, was das eigentlich bedeutete, was ich wohl aufgeschnappt hatte, als ich einem meiner Vettern, der zu Besuch war, eine dieser kinderhandtellergroßen Metallscheiben zeigte, der dann meinte, das sei ja wie kaltgeschmiedet, was ein sehr fortschrittliches Verfahren sei, sodass ich denn also den Fortschritt genau kannte und sie, die Westfalen, schauen sollten, wo sie mit ihrem Diesel und ihren Kohlenpötten blieben. Die Kameraden waren voller Neid und Achtung, weil sie es kaum glauben konnten. Denn dass so einer, der ja aus Bayern kam, was man schon an der Sprache hörte, also aus dem Gebirge, direkt vom Kilimandscharo, aus dem Urwald, direkt von den Bäumen herunter, das wussten die Westfalen genau, dass die Bayern bananenfressende Wilde waren und so ein bananenfressender Wilder direkt vom Kilimandscharo jeden Tag den elektrischen Fortschritt hatte studieren können, das machte sie rasend. Aber genaueste Kenntnisse, zum Beispiel dass die Elektrische läuten konnte, ohne eine Glocke zu haben, denn Lokomotiven mussten damals noch auf bestimmten Strecken unausgesetzt läuten, dass das auch elektrisch gemacht würde, solches Wissen verlieh mir zumindest in dieser Sache eine so unumstößliche Autorität, dass man mir, dem wilden Bergneger, wenigstens dieses Plus nicht absprechen konnte. Dafür wussten sie von nun an aber auch, dass wir am Bahndamm gewohnt hatten, und wer am Bahndamm wohnt, was das für Leute sind, das weiß man doch, auch in Westfalen.

Ich habe den anderen nie verraten, dass ich in Wahrheit die Dampfloks viel schöner fand, dass ich meine erste Dampflokomotive erst kurz zuvor, am Tag unseres Umzugs nach Westfalen, gesehen hatte, als Mutter uns zwei Jüngste vor der Abfahrt in die nordische Ferne auf dem Münchner Hauptbahnhof mit vor zur Lok nahm, einem gigantischen, fauchenden Ungetüm mit zwei rußgeschwärzten, sehr vertrauenswürdigen Gesichtern im Führerstand, die extra für uns die Pfeife zogen, als es hieß, wir hätten noch nie eine Dampflok gesehen, die für mich viel mehr die urtümliche Kraft der Technik verkörperte als die zwar eleganten und sogar mit einer summenden Seele begabten Elektrolokomotiven, die ich aber eben schon in- und auswendig kannte.

Der Lehrer Brummer hat sich einmal sogar wegen uns einen offenen Streit mit der obersten Autorität, die sich denken lässt, geleistet. Die Autorität ging in einem riesigen Strickpullover mit gezacktem blaugrauem Muster einher, sie wirkte finster und drohend nicht nur wegen des Gesichts ihres Besitzers, sondern dessen Gestalt hatte etwas Ehrfurchtgebietendes allein durch die Tatsache, dass in diesem riesenhaften Wollpullover kein wahrer Mensch, sondern nur eine Art Gerüst wohnte. Die Autorität schien nämlich unter ihrem Wollzelt weniger in einem Körper, einem fleischlichen Leib einherzuschreiten als in Gestalt eines Gerippes, gleichsam der Todesdrohung selbst. Denn der riesenhafte Pullover war eindeutig nur an einigen wenigen strategisch bedeutsamen Punkten an dürren Knochenhaken aufgehängt, die weniger der Gestalt selbst als ihrer Verhüllung als Stütze zu dienen schienen. Das Gesicht darüber hatte kaum Fläche zwischen den tiefen dunklen Falten und den schwarzen Augenhöhlen, in denen wasserhelle Blauaugen so ernst und traurig, ja, uns schien es, feindselig blickten, dass auch sie trotz ihrer Wasserhelle schwarz erschienen. Mit dieser Autorität und mit einem grauen Stoppelbart, der eher eine Art Unrasiertsein darstellte, übte er das Amt des Schulhausmeisters aus. Bärte gab es damals selten. Außer Vater, der einen imposanten Vollbart trug, was ihn noch einmaliger und unverkennbarer machte, als er ohnehin schon war, trugen solche Bärte nur vereinzelte, als exzentrisch verrufene Honoratioren des Alpen- und des Trachtenvereins. Aber der Mensch an sich, namentlich der Mann hierorts, ging glatt rasiert. Und dies Mittelding, nicht Bart, nicht rasiert, hatte etwas Unerhörtes.

Seinen Namen kannten wir nicht, haben wir nie erfragt, schon weil uns schien, man käme glimpflicher davon, wenn man nichts weiter von ihm wüsste. Wir wagten auch nie zu fragen, was das denn gewesen sei, ein KZ, in dem der Hausmeister wohl gewesen war, wie die Lehrer untereinander tuschelten und die Bauern einander zuraunten. Dass es sich dabei um einen fürchterlichen Ort gehandelt haben muss, das haben wir im Laufe der Zeit wohl begriffen, unbegreiflich aber blieb uns dennoch, ob er im KZ hatte Fürchterliches erdulden müssen, oder ob er zu den Fürchterlichkeiten dieser Art Hölle mit beigetragen hatte. Mir schien die Legende des Dulders einleuchtender, hatte der Oberlehrer Brummer uns doch eingebläut, den Anweisungen des Hausmeisters sei unerbittlich Folge zu leisten, einmal weil er der Hausmeister und damit eine eherne Autorität sei, und dann, da dieser Mann ein schweres Schicksal hinter sich habe, was ausdrücklich verbiete, ihm auch noch in diesen Friedenszeiten irgendeine Unbill zu bereiten. Der düstere Mensch lief so zu einer noch ungeheuerlicheren Bedeutung auf, als sie der Schulrektor Kreuzer repräsentierte, den sie den »Stupfer« nannten und der immer die Haare so kurz trug, dass die Leute sagten, er sehe aus, als säße er heute noch im KZ, obwohl er sich wohl eher zum Aufseher eigne. Wir Kinder sangen hinter seinem Rücken ein Lied: »Der Liebe Gott bewahre/ dem Stupfer seine Haare/ sonst reiß ich sie ihm alle aus/ und mache einen Besen draus/ den Besen, den verkauf ich/ das Geld, das versauf ich.« Was aber die Haare mit dem KZ zu tun haben könnten, wollte mir partout nicht einleuchten, trug doch der Hausmeister, der wirklich im KZ gewesen war, eher gewelltes, dünnes graues Haar über seinem schlotternden Gewand.

Umso ungeheuerlicher, dass sich ausgerechnet der Lehrer Brummer gegen dessen unverrückbar scheinende Autorität erhob. Der Wollgeist hatte grundsätzlich verfügt, dass früher als zehn Minuten vor Schulbeginn niemand das Schulgebäude betreten dürfe, diesen mächtigen Bau im alpenländischen Monumentalstil der zwanziger Jahre, unten klobiger Stein, oben Holz, der aussah, als hätte ihn ein Genie wie Clemens Holzmeister gebaut, wie die Eltern sagten, dessen Stil man aber einfach geschickt nachgemacht hätte, wobei mich irritierte, wie ein materialtechnisch so eindeutiger Mann namens Holzmeister so viel steinernen Granit hatte verwenden können. Wir vom Schmalensee und auch so manch andere zu frühe Kinder standen also oft lange und bibbernd in den zweiundvierzig Grad des Herrn Neudegger oder in beißend feuchter Morgenluft, die sich ebenso elend anfühlte, vor dem Hintereingang der Schule und froren noch mehr, oder begannen erst richtig zu frieren, weil wir jetzt nicht mehr den straffen, wärmenden Schritt vorzulegen hatten, den es brauchte, um die Fünfviertelstunden Fußweg wirklich Fünfviertelstunden dauern zu lassen und nicht viel länger, was durchaus vorkommen konnte.

Das geschah, wenn es frisch geschneit hatte und die Bundesstraße, die in Wahrheit einem heutigen Landsträßchen glich, nicht einmal mehr mit ihrer seltsamen Wölbung in der Mitte und nur wegen der schwarz-weißen Hochschneemarkierungsstäbe, die der Wegmacher alle Jahr im Herbst entlang der Straße aufstellte, vom verschneiten Rundum wegzukennen war. Und wenn der Schneepflug noch nicht gekommen oder nicht durchgekommen war und wir mühselig einer frühen Spur folgten oder manchmal bis zur Hüfte durch schweres Weiß stapften, bis uns der riesige Pflug, der so breit war wie die Straße selbst, dann doch noch einholte, eine so gewaltige Schneewoge vor sich her stiebend, dass er uns kleine Wanderer gar nicht sehen konnte, dann mussten wir ausweichen und in den Tiefschnee springen, um nicht in dieser weißen Riesenwoge unterzugehen, was unserer Schwester Gertrud tatsächlich einmal passiert ist. Ohne Schaden zum Glück. Oder wenn es taute und der Schneematsch in dicken Klumpen am durchnässten Schuhwerk klebte, die Füße schwer machte und uns jeder Schritt wie der eines Eisgolems vorkam, weil sich die kalten Klumpen innerhalb des Zuggummis der Trainingshosen festsetzten, die als ultimativen Frostschutz überzuziehen Mutter besonders den Mädchen befohlen hatte. Oder wenn der Föhn lostobte, der meistens schon die ganze Nacht getobt hatte, der so blies, dass wir uns gegen ihn stemmen mussten, wie sich die Ochsen in die Riemen der schweren Heuschlitten stemmten, und der uns eine ganze halbe Stunde mehr Zeit zur Schule kosten konnte. Deshalb also gingen wir Winterkinder vom Schmalensee oft früher los, als es eigentlich nötig gewesen wäre; oder die riesigen Schokoladenneger hatten uns in ihr riesiges Auto geschaufelt; jedenfalls kamen wir oft und oft früh und früh vor der Schule an und standen und standen dann dort und erstarrten im Frost, weil der Wollgeist als Hüter des Hauses jeden früheren Zutritt verboten hatte. Als der Lehrer Brummer eines Tages einer Frühverrichtung wegen uns schnatternde Bande vor der Schulpforte vorfand, ergriff ihn heiliger Zorn, er murmelte abermals, so seien nicht einmal die Nazi mit den Kindern umgegangen, und erzwang, dass fortan für uns – allerdings nur für uns – das Schulhaus vor der Zeit aufgesperrt und betretbar werden durfte. Ob das nun ein besonderer Vorteil oder als eine Art Spießrutenlauf gedacht war, wir vermochten es nicht zu ergründen, hatten wir's doch drinnen dann zwar warm, aber um hineinzukommen, mussten wir durch einen schmalen Spalt an dem grauen Hüter aller Ordnung vorbei, der das Tor fest im Griff hatte, um Unbefugten flugs den Zutritt zu verwehren, was für uns durchaus eine morgendliche Prüfung war, weil wir prinzipiell ausschlossen, dass er uns vielleicht doch hätte wohlgesonnen sein können.

Irgendwann kam der Schneepflug gar nicht. Es kam auch die Schneefräse nicht, die manchmal kam, wenn der Schneepflug nicht durchkam. Die Schneefräse war nicht nur eine große Neuigkeit, sie war der Fortschritt in einer alten Welt, wo es darum ging, die Dinge nicht mehr einfach auf die Seite zu schieben, sondern sie in hohem Bogen wegzuwerfen, sodass sie ein für alle Mal aus dem Wege wären und sich nicht als eine gigantische weiße Wand am Straßenrand auftürmten. Die Mauern aus festem Schnee waren für uns Schulgehkinder die Mauern von Jericho, aber nicht als Schutz, sondern als Gefängnis. Kam nämlich der Schneepflug und es standen von seiner vorherigen, vielleicht gestrigen, vielleicht vorgestrigen Fahrt die himmelhohen vereisten weißen Mauern schon am Straßenrand – wohin hätten wir dann ausweichen sollen? Irgendwie mussten wir über die Mauer, um nicht zerquetscht zu werden, wie wir überzeugt waren; das war ein oft verzweifelter Kampf, es sei denn, der weit entrückt in seiner fernen Schneepflugkabine thronende Mann, der das Ungetüm bewegte, wurde unserer doch ansichtig und nahm einen kleinen Bogen, dass wir nicht zermalmt würden. Zugeschüttet vom Straßenschnee oder Straßenmatsch wurden wir allemal. Aber des waren wir froh, weil zerquetscht zu werden vom Schneepflug an der von ihm selbst aufgetürmten Schneemauer, das kam uns vor wie ein unverdientes Ende.

Und dann kam immer öfter die Schneefräse. Sie warf alles über uns hinweg ins weite Rundum. Am Anfang freuten wir uns an diesem ungeheuren Schneegestöber, das die Schneefräse veranstaltete, diese Fontäne von Weiß, die sie ins Land warf. Wir rannten hinter der Fontäne her, um uns diesen Schneeschwall, den wir uns so leicht und luftig dachten wie die Gänsefedern beim Ausbeuteln der großen Bettdecken zu Hause, um uns dieses Schneegestöber auf den Rücken stauben zu lassen. Das taten wir aber nur einmal, denn das war kein Gänsefederstäuben, das war so hart wie ein Steinregen, was da auf den Rücken prasselte, gepresstes Weiß wie Eis. Es tat furchtbar weh, und die blauen Flecken konnten wir noch wochenlang vorzeigen, erst verängstigt, verärgert, enttäuscht, dann immer mutiger im Nachhinein, am Ende wie Heldenmale einer tapfer geschlagenen Schlacht, dass wir uns in den grausamen Strahl der Schneefräse getraut hatten. Dass die so grausam, so hart, so böse war, das wussten wir fortan, auch wenn sie uns das verzweifelte Turnen über die Schneemauern des alten Schneepflugs ersparte. Und wenn die Alten über den Fortschritt fabulierten, der sich ganz besonders in der Schneefräse niederschlage, dann wussten wir besser, was sich da niederschlug auf dem Buckel und in den blauen Flecken.

Der Schneepflug also kam nicht und die Schneefräse auch nicht. Das Städtchen war abgeschnitten, so hatte es geschneit, nur der Zug, der immer fuhr, fuhr auch diesmal mit unerbittlicher Regelmäßigkeit, eine Schneepfluglokomotive vorgespannt, die ungeheure Wolken von weißem Staub beiseiteschleuderte, die als Schneegestöber auszuprobieren wir nie gewagt hätten. Aber da der Schneegestöberzug nicht hielt und nicht überall hinkam, weil da keine Gleise lagen, beschloss man, endlich doch die Straße freizumachen. Es soll der Schulhausmeister gewesen sein, der die Idee hatte, den alten Schneepflug des Ortes, der in einem Schuppen zwischen dem Gemeindehaus und der alten Brauerei ruhte, wieder hervorzuholen. Wer weiß, wer immer es gewesen war, der aus Umsicht oder Sentimentalität oder Heimatliebe oder Brauchtumstreue dafür gesorgt hatte, dass der alte hölzerne Schneepflug nicht unverzüglich zusammengesägt und eingeschürt, sondern in seinem großen Schupfen aufbewahrt wurde. Jedenfalls gab es ihn noch, und es war ein gewaltiges Gaudium, als sie das Ungetüm hervorzogen und wie in verflossenen Zeiten zwölf Ochsen vorspannten und loszogen, das halbe Dorf auf dem Schneepflug versammelt. Dieser Pflug war nämlich ein riesiges gezimmertes Dreieck, ungefähr so breit wie die Straßen damals, aber dreimal so lang, beiderseits drei Reihen Bretter in Stufen übereinander, wo viele Leute Platz nehmen konnten, was auch nötig war, damit der Schneepflug das nötige Gewicht bekam, um auch wirklich zu pflügen und nicht einfach auf der weißen Masse aufzuschwimmen. Da saßen sie also allesamt, und Enzianflaschen kreisten, und sie sangen und lachten und johlten wie sonst nur auf dem Tanzboden, während die imposanten zwölf Ochsen im Schneetreiben den langen Dreiecksweg zu den Nachbarorten Krün und Klais ungemein langsam, aber in unerbittlichem Gleichmut freizogen, was, weil Ochsen gemächliche Charaktere sind, einen ganzen Tag dauerte, bis es dunkel wurde. Ein armer Teufel war nur der, der vorneweg die Ochsen leiten musste, der sich im brusttiefen Schnee vorankämpfen musste, damit die Ochsen wüssten, wo es langgeht. Die haben geflucht und Enzian gesoffen, dass es eine Art war, weil dann das Stapfen leichter wurde und der Schnee nicht so gebissen hat. Sie haben sich alle Viertelstunden abgelöst, weil Ochsenvorausstapfen eine harte, eine der härtesten Arbeiten überhaupt gewesen ist, die man kannte, härter noch als das Heuabfahren von den Almen oder das Mähen der Buckelwiesen. Auf dieser Fahrt mit dem Schneepflugschlitten haben sich Freunde fürs Leben gefunden und Alkoholvergiftungen angebahnt, an die man noch Jahre in Heldensagen erinnern und die eigene Tatkraft lobpreisen konnte. Der Wollgeist, der Schulhausmeister, der die Idee gehabt hatte, musste nicht mit, denn, so meinten die Bauern, der würde in dieser Kälte einfach auseinanderbrechen und tot umfallen, so dürr wie er war, und Schnaps hat er auch nie getrunken, das einzige Mittel, das ihn hätte zusammenhalten können. Am nächsten Tag dann kam eine völlig neue Schneefräse im Triumph dahergefahren, hat aber auf die Leute nicht den geringsten Eindruck gemacht, weil sie durch längst geräumte Straßen tuckerte, was für ein so teures und neues Exemplar der Schneeräummoderne die reine Schande war.

Nach dem Schneepflug hat der Wegmacher gestreut. Er war eines der ganz wenigen Idole, die es damals gab. Der Oasl, wie unser Rennfahrer hieß, der mit dem Motorrad mit der Rennnummer darauf und einem ungeheuren Radau herumfuhr, dass die Wände des Karwendelgebirges widerhallten, der war imposant, aber längst nicht so imposant wie der Wegmacher. Auch jener Jungbauer, der mit seinem Ross – die anderen hatten alle Ochsengespanne – auf die Buckelwiesen fuhr und dabei aus voller Seele jodelte, so herzerfrischend, dass man ihn kilometerweit hören konnte, und dessen Gaul verwundert stehen blieb, wenn sein Herr mal nicht jodelte, der war auch ein Idol, aber niemals ein so großes, beeindruckendes wie der Wegmacher. Der Wegmacher hatte eine geheimnisvolle

Hütte am Gsteig, dem gachen Steig, dem heftigen Anstieg der Straße vom Ort zum Schmalensee und zum Weiler hin, in der geheimnisvolle Gerätschaften und Dinge lagerten, um deren Sinn wir gerne gewusst hätten, nie aber davon erfahren haben, weil wir es für unangemessen, ja, für unmöglich hielten, eine so große Autorität wie den Wegmacher einfach danach zu fragen. Und eine Autorität war er, obwohl er eigentlich von kleinem Wuchs, sogar ein winziges Männlein war, aber, wie uns schien, von ungeheurer Kraft. Der hatte in großen Abständen an den Straßen zwischen den Ortschaften Kieshaufen angelegt, die er im Herbst säuberlich auftürmte, um dann im Winter zur großen Tat zu schreiten. Er schritt dann die ganze Strecke zwischen den Ortschaften ab und streute mit großer Schaufel und großer Geste die platt gefahrenen Schneestraßen mit ebendiesem Splitt, den er so sorgsam aufgehäuft hatte. Er tat dies mit einer großen, viereckigen schwarzen Schaufel, und diese Schaufel gab, wenn ihr der Splitt im großen Schwung entglitt, einen unvergleichlichen Ton von sich, der für mich Musik war, der bis heute die ganz große Geste bedeutet, das weltumspannende Höhere und Sinnvolle dieser Welt in einem Ton. Denn ohne diesen Klang, den die Splittschaufel ertönen ließ beim Streuen, blieben all die ansonsten so starken und schnellen Autos am glatten Gsteig hängen, ließen jaulend ihre Reifen durchdrehen, kamen keinen Zentimeter weiter und schon gar nicht den Berg hinauf, wenn eben nicht der Wegmacher als Herr allen Fortkommens zuvor den Weg bereitet hätte.

Einer dieser Splitthaufen oberhalb unserer Baracke diente mir lange als Ausguck, als eine Art Horst, auf dem ich stundenlang winters wie sommers hockte, um von dort aus den lebhaften Autoverkehr auf der Bundesstraße zu verfolgen und die Autos zu zählen, sobald ich zu zählen gelernt hatte, was manchmal bis zu zwanzig Kraftwagen in einer Stunde erbringen konnte, was eine gewaltige Menge, ja, geradezu eine Blechlawine gewesen ist. Ich lernte sie bald am Klang auseinanderzuhalten, bevor ich sie überhaupt zu sehen bekam, weil sie noch hinter der unteren Kurve oder dem von uns sogenannten höchsten Punkt oben anrollten, entwickelte sogar eine lautmalerische Sprache, um, statt den Autotyp nennen zu müssen, klarmachen zu können, welches Fabrikat oder, ob ein Laster oder ein Dreiradler oder ein Motorrad vorbeigerauscht war, wobei es mir nicht gelungen ist, für die damals so vielen Zweitakter eine ordentliche

Lautmalerei zu formen. Ich konnte sie nur nachmachen, was ich gerne tat, denn die Zweitakter hatten außer ihrem mir wohlriechenden extravaganten Gestank einen ganz merkwürdigen, speziellen Rhythmus, besonders im Leerlauf, der mir wie Musik vorkam, wofür ich Jahrzehnte später einen Seelenverwandten fand, einen Musiker, der ein Quartett für zwei Violinen und Zweitaktmotor komponiert hat.

Wegmacher oder Lokführer. Das war eine Lebensentscheidung, die ich zumindest im Winter fast jeden Tag neu zu fällen hatte, wobei Lokführer sommers unbestritten als Ziel aller Glückseligkeit triumphierte, lebten wir doch unter dem Bahndamm, während im Winter der Klang der großen schwarzen Schaufel die Ordnung dieser Welt in viel eindringlicherer Weise zu verkörpern schien, was mich schwankend machte, ob dies nicht doch eher das Ziel und die Bestimmung meines Daseins sein müsste. Mir war klar, dass der Schwung, mit dem der Wegmacher den Kies über die Straße schleuderte, ein Leben lang geübt sein wollte, denn ohne diese Übung würde die schwarze Schaufel nie so singen, wie sie das beim Wegmacher tat, was ich eindeutig auch als Voraussetzung für die Wirksamkeit der Streuung und für den Fluss des Straßenverkehrs erkannte. Meldungen, wie am Zirler Berg gen Innsbruck die Autos hängen blieben, dass der sogar manchmal gesperrt werden musste, hingen eindeutig damit zusammen, dass die Tiroler nicht imstande waren, Wegmacher wie den unseren auf die Strecke zu schicken, dem so was gewiss nie passiert wäre. Mit der Kehrschaufel zu Hause suchte ich den Schwung zu üben, aber die hatte keinen ausreichend langen Stiel. Und der Arbeitsdienstspaten, der da dienlich hätte sein können, hatte eine viel zu kleine Schippfläche und erst recht niemals den Klang der großen schwarzen Splittschaufel, und außerdem war er zu groß und zu schwer für mich, was mir deutlich werden ließ, dass noch lange Lehrjahre und einiges Wachstum zwischen mir und meiner großen Zukunft als Wegmacher lagen.

Was ist das nicht heute jedes Jahr ein hysterisches Zetern und Bangen, ob die Weihnacht wohl weiß würde, also ob es ausreichend schneien würde, um ein den romantischen und geschäftlichen Vorstellungen dieser Welt angemessenes Fest feiern zu können. Wir waren es gewohnt, dass die Weihnacht die Zeit des Zwiespalts war: Fast immer lagen

Oktober, November und Advent tief im Schnee. Direkt vor dem Fest, meist erst am Heiligen Abend selbst, schlug das Wetter regelmäßig um. Entweder es kroch die Kältewelle, die alles in klirrendem Frost erstarren ließ, aus den Fugen des Gebirges zu uns herunter, was uns keineswegs unrecht war, denn Kälte war just für die langen Wege, die wir stets zu gehen hatten, angenehmer als Tauwetter mit Schneematsch und Nässe. Jede zweite Weihnacht aber kam das festliche Wärmeloch, fraß der Föhnsturm binnen Stunden allen Schnee weg und ließ manches Jahr die Buckelwiesen regelrecht ergrünen. Einmal blühte zwischen den Jahren der Enzian in seiner blauen Lieblichkeit hinterm Haus, bis dann über Nacht ein Schneesturm so viel von dem frischen Weiß anhäufte, dass Vater trotz aller Anstrengung die Haustür nicht mehr aufzuschieben vermochte, weil draußen Tonnen angewehten Schnees gegen die Pforte drückten und er zum Fenster hinaussteigen und mit dem Spaten erst einmal dafür sorgen musste, dass wir die nach außen angeschlagene Haustür überhaupt aufbekamen. Beim Wohnzimmer reichte der Schnee bis ans Fensterbrett, sodass die größeren Geschwister auf dem Sofa die Ski anschnallten und direkt aus dem Wohnzimmerfenster zur Schule losfuhren.

Sie der Schneefülle und -hindernisse wegen nicht in die Schule gehen zu lassen, darauf wären die Eltern nie gekommen, so wie sie später Herrn Neudeggers zweiundvierzig Grad minus keineswegs zum Anlass nahmen, die Schule einmal wenigstens für entbehrlich, weil unerreichbar zu halten; was übrigens im Städtchen einiges Entsetzen ausgelöst hat, weil Bürger und Bauern, die damals noch prächtige Höfe mitten im Ort hatten, ihre Kinder bei den dreißig Grad minus, die es dort unten hatte, keinen Schritt vor die Tür machen ließen, die Kameraden also nicht in die Schule kamen und so in den überwiegend leeren Bänken der Klassen hauptsächlich ausgerechnet jene wenigen Schüler saßen, die den weitesten Schulweg hatten, so wenige, dass wir vom Rektor alsbald wieder nach Hause geschickt wurden.

Unsere Schwester Gertrud, sie war vielleicht zwölf Jahre alt, war eines Tages knapp vor Weihnachten zum Milchholen geschickt worden, zu einem Aussiedlerhof, der vielleicht eineinhalb Kilometer entfernt in den Buckelwiesen in der Nähe der großen Lebensgefahr lag, womit wir den gewaltigen Schotterbruch in der großen Schlaufe benannten, die die grüne Isar, unser wilder Fluss, unterhalb der Soiernspitze zog. Es war Abend, und während Gertrud unterwegs war zu dieser eigentlich unspektakulären, alltäglichen Mission, zog ein Wetter auf, das sich bald zum heulenden Schneesturm wandelte, sodass niemand mehr auch nur die Hand vor den Augen erkennen konnte, geschweige denn einen Weg. Erwachsene außer Mutter, die einen Suchtrupp hätten bilden können, waren nicht erreichbar. Mutter wiederum pries wohl an diesem Tag ihren Entschluss, widerwillig einen besonderen Logiergast in der Familie aufgenommen zu haben, die Schäferhündin Senta, die ein feines ungarisches Paar, das ins Ausland hatte ausweichen müssen, hier zeitweilig gleichsam in Pension gelassen und auf absoluten Gehorsam auf unsere Mutter eingeschworen hatte. Dieser Hund war »scharf«, wie man so sagt, Mutter aber absolut folgsam, geradezu ergeben. Er hatte im Krieg die Schulung zu einem besonderen Spürhund mitgemacht, war nämlich darauf abgerichtet worden, unter Bombentrümmern nicht nur Leichen, sondern auch Blindgänger, also nicht detonierte und somit lebensbedrohliche Feindmunition aufzufinden. Mutter fand ein getragenes Hemdchen von Gertrud, ließ Senta Witterung aufnehmen und wies vager Hoffnung den Hund hinaus in das tobende Weiß mit dem Befehl, Gertrud zu suchen.

Nach einer ewigen Dreiviertelstunde heimlicher Verzweiflung kamen beide heim, und unsere Schwester erzählte später, wie sie im Schneesturm und dem heraufziehenden Nachtdämmern bereits darauf eingerichtet gewesen sei, nie mehr heimzufinden, wie sie sich selbst ermahnt hatte, ja nicht stehen zu bleiben oder sich hinzusetzen, weil das das Ende wäre, das Ende im Schneegrab, so was wussten wir alle durchaus, dass da wie aus dem Nichts Senta aufgetaucht sei und sie sich einfach hinter ihr her durch das Getöse gekämpft habe, wobei nur der Kopf des Hundes zu sehen gewesen sei, der immer darauf geachtet habe, dass sie habe Schritt halten können, bis sie endlich das Zugtor unter der Bahnlinie hindurch und bald die Bäume, die unser Haus umstanden, erkannt habe.

Unsere Föhnweihnachten in den Buckelwiesen waren angefüllt mit Gespenstern und Geistern, die jaulend ums Haus fegten, und die, wenn wir auch und gerade an diesen hohen Feiertagen in die Kirche im Ort zu gehen hatten, namentlich in die Christmette um Mitternacht, durch die Waldlichtungen jagten und manches Mal in unmittelbarer Nähe den einen oder anderen alten Ahorn fällten, der ächzend im Sturm aufgab. Alles beleuchtet vom fahlen Mondlicht, denn hier war der Föhn immer von Mond beschienen, an dem wolkenreitende düstere Phantome vorüberjagten. War es aber knackend kalt, dann war dieser Weg voller Gefunkel. Der Harsch unter den Sohlen knirschte, das einzige Geräusch außer unserem Atem in dieser Stille, die uns noch feierlicher vorkam, als es die Stille sonst schon an Feierlichkeit mit jeder heiligen Stätte hätte aufnehmen können, wie erst recht an diesem heiligen Tag und in der Nacht. Natürlich, so sah ich das, funkelten die Gestirne noch diamantener im Schwarz des Himmels, in dem sich die Milchstraße wölbte und von den dem sich nochmals schwarz die Felskante des Karwendels unmerklich abhob, in schattenhafter Majestät. Der barocke Radau dann in der Christmette mit goldenen Gewändern und Chor und Orchester und Pauken und Trompeten wich auf dem Heimweg demselben Zauber wie vorher.

Gegen drei Uhr nachts endlich zu Hause, sanken wir immer noch voller Erwartung zu Bette, denn es hatte ja vor Abmarsch ein ausführliches Feiern gegeben, das noch lange nicht beendet war, sondern nur vom nötigen Schlaf unterbrochen wurde. Der Heilige Abend hatte mit den Kerzen vor der Krippe begonnen, einer oberbayerischen Trachtenszene mit perfekt ausstaffierten Hirten und Musikanten und Engeln und einem Heiligen Josef, der unserem Vater verdächtig ähnlich sah, und einem Adventslied zum Abschied der Zeit der Erwartung, dem ein erstes Weihnachtslied folgte und das Entzünden der Kerzen am Christbaum. Die Zeremonie spannte unsere Kindernerven aufs Äußerste, aber hinterließ auch Ahnungen und Gewissheiten von Dingen in der Welt, die nie mehr aus der Seele zu löschen waren. So wurde die erste Kerze feierlich für den Weltfrieden entzündet, was immer das sein mochte, die letzte dann für alle, an die niemals jemand denkt, eine Vorstellung, die mich beinahe jedes Mal hart an einen Tränensturz brachte vor lauter Mitleiden. Zwischen Weltfrieden und Verlassensein bekam jede der Kerzen eine Widmung, für Lebende und Tote, für Verwandte und Fremde, für Freunde und Feinde, für Kranke und Gesundende, für uns selbst und für Menschen, von denen wir nicht verraten mussten, wer sie wohl seien, wenn sie nur uns selbst recht am Herzen lägen. Wir hatten immer einen so großen Christbaum, dass er bis an die Decke reichte, mit so vielen Kerzen, dass, so hoffe ich, niemand vergessen worden ist. Den Baum hatten wir meist selbst mit großem Hallo am Bahndamm geschlagen, was erlaubt war, denn die Bahnler hätten sonst irgendwann die Fichten selbst umlegen müssen, damit sie nicht zu groß würden und nicht mit Oberleitungen und Zügen ins Gehege kämen. Das Weihnachtsfrühstück dann war so spät, dass es gleich mit dem Mittagsfestmahl zusammenfiel, und danach erst kam die Stunde der Geschenke, die bedächtig unter allgemeiner Anteilnahme Stück für Stück und einzeln jedem Mitglied der Familie zugewiesen und ausgepackt, begutachtet, vorgeführt und mit vielen bewundernden Kommentaren bewertet wurden. Das Christkind, das wussten wir Kleinen, war am Heiligen Abend zunächst schon da gewesen, hatte alles hergerichtet, sich ausgebeten, nicht gestört zu werden dabei, aber ob es auch all die Geschenke gebracht hätte, blieb auf geheimnisvolle Weise ungeklärt, womit die Frage, wie das Wunder aus Kindersicht so reicher Bescherung zustande käme, für immer ungelüftet und verborgen in einem aufregend unberührbaren Schatz familiärer Geheimnisse ruhte. Dieses Weihnachtsdrama war gewiss einer der genialsten Regieeinfälle der Eltern gewesen, die uns so vom frühen Heiligen Abend bis zum späten Weihnachtsfeiertag in Spannung zu halten wussten, sodass wir leichten Herzens hinnahmen, dass nicht einmal solche großen Feiertage von dem elend weiten Weg ins Städtchen befreit waren. Oft bekamen wir gar nicht mit, dass Mutter bereits am frühen Festtag ein weiteres Mal den weiten Weg genommen hatte, um ins Hirtenamt zu gehen. Das war eine Tat tiefster Frömmigkeit, denn sie, die jeden Tag zu früh, viel zu früh herausmusste, um den Ofen im Wohnzimmer anzuheizen, war eine leidenschaftliche Spätaufsteherin und litt unter nichts mehr, als an jedem frühen Morgen der Pflichten wegen so zeitig aufstehen zu müssen.

Aber um halb sechs freiwillig ins Hirtenamt.

Und das, klein wie sie war, im tiefen Schnee, mit dem Mutter und ich schon unsere ersten gemeinsamen Erfahrungen gemacht hatten, wie uns Schwester Fullrada, eine der Barmherzigen Schwestern im Krankenhaus des Städtchens, berichtete. Als ich nämlich zur Welt kommen sollte, mitten im legendär kalten Januar dieses Nachkriegsjahres 1947 und mitten in der Nacht, kamen die Männer vom Sanka, dem Sanitätskraftwagen, und trugen Mutter auf einer Bahre die vielleicht zweihundert Meter zur Straße hinauf durch den hohen Schnee. Sie trugen sie mit den Füßen voraus durch den hohen Schnee. Und als Schwester Fullrada eine halbe Stunde später im Krankenhaus dann Mutter aus all ihren Umhüllungen auspackte, da ballte sich unter ihrem dünnen Mantel eine dicke Schneeschicht, unter dem Kleid eine dicke Schneeschicht, unter ihrem Unterrock noch eine dicke Schneeschicht. Von daher, wie auch Mutter das später selbst in eher heiterer Erinnerung kommentierte, stamme meine lebenslang bemerkenswerte Resistenz gegen Kälte.

Diese Widerstandskraft brauchte man manchmal auch für den Weg in die Osternacht. Diese Frühmorgenmesse lange vor Sonnenaufgang war gleichsam die Antithese im Kirchenjahr zur Christmette, da ja Ostern, das wussten wir von den Eltern, das ungleich viel höhere Fest als die verkitschte Weihnacht sei, und deshalb gab es auch und gerade zu Ostern keinen Dispens, und alle mussten mit Vater und Mutter den frommen Weg antreten. So manches Mal lag der März- oder Aprilschneematsch knöchelhoch auf dem Weg in die nächtlichen Ostern, oder es stöberte während der Kirchenfeier so viel Neuschnee auf die ersten Blüten, dass die Bauern dann beim Zusammenstehen nach der Kirche einander fragten: »Was hat denn dir das Christkindl gebracht?« Die Osternacht nahm stets ein für uns Kinder verdrießliches Ende, denn die Eltern hatten uns ausdrücklich angewiesen, den Feierlichkeiten nicht ganz bis zum Ende beizuwohnen, wo wir doch so gerne erlebt hätten, was uns die Schulfreunde mit glühenden Worten berichteten, was die Eltern aber verächtlich »roten und grünen Dampf« nannten, nämlich die leibhaftige Auferstehung des Herrn Jesus in der Kirche, die sich so vollzog, dass er, der Herr Jesus, hinter dem Hochaltar etwas zittrig, aber unter ungeheurem Brausen der Orgel und frenetischem Schellen der Ministranten mit der Auferstehungsflagge in der Hand aus der Tiefe auffuhr, illuminiert mit rotem und grünem Magnesiumfeuer. War das nun Gottes- oder Teufelswerk, was wir dennoch allzu gerne mitangesehen hätten, obwohl der Qualm ordentlich stank, wie wir bei verwegen heimlicher Teilnahme dann doch einmal herausfanden. Die Eltern aber erklärten das insgesamt, mit oder ohne Gestank, für widerwärtigen Kitsch, der einer wahrhaftigen Auferstehung unwürdig sei, weswegen wir beizeiten die Kirche zu verlassen hatten, was bei jeder anderen Feier naturgemäß ein Sakrileg gewesen wäre. So herrschte auf dem Weg von der Osternacht heimwärts zunächst einmal eher die dumpfe Stimmung großer kindlicher Enttäuschung, da der Verlust des imposanten rotgrünen Spektakels doch sehr schmerzte und die tiefere spirituelle Bedeutung des Auferstehungsverbots eigentlich niemandem von uns Kindern einleuchten wollte. Den bohrenden Neid auf die Schulkameraden, die das mitansehen durften, würgten wir später dann mit so arroganten wie unverdauten Anmerkungen heraus, dass Leute, die so einen Kitsch schön fänden, von der Auferstehung nichts aber doch wirklich nichts begriffen hätten.

Der Missmut verflog dann irgendwann auf dem Heimweg, weil wir nach den kleinen roten Ringen in der Finsternis Ausschau hielten, auf die wir als ein besonderes Ostereraignis warteten. Die Einheimischen, namentlich die gläubigen Bauern dieser Gegend, hatten den Brauch, zu Gründonnerstag, an dem Tag, an dem auch die Glocken nach Rom flogen und von dem an alle kirchlichen Weihehandlungen nur mit scheppernden Holzratschen begleitet wurden, das Herdfeuer zu löschen, um es dann mit der Flamme des Osterfeuers wieder zu entzünden, für den Rest des Jahres bis zum nächsten Gründonnerstag, auf dass Segen auf dem Hause ruhe. Die Leute nächst der Kirche trugen die Flamme mit Kerze oder Kienspan heim, die mit weiterem Weg mit einer Laterne, aber da waren Einödbauern und Hüttenwirte, die hatten Stunden zu gehen, bis sie wieder zu Hause waren. Um über solche Strecken das kostbare Osterfeuer heimzubringen, bedurfte es besonderer Vorkehrungen, und eine davon liebten wir über alles. Die jungen Burschen legten nämlich zu Beginn der Feier, wenn das Osterfeuer vor der Kirche schön brannte, große Baumschwämme, also die verholzten Schwammerlinge, die an vielen Stämmen wuchsen, in die Glut. Die eisenharten Baumschwammerl hatten die Eigenart, nicht zu brennen, sondern zu glimmen, und sie waren zum Ende der Messe so richtig durchgeglüht. Man hatte sie durchbohrt, einen meterlangen Draht mit einem Holzgriff am Ende durchgezogen, an dem man sie halten und um den Kopf kreisen lassen konnte. So konnten die Burschen den glimmenden Pilz an dem langen Draht schwingen und schwingen, was nötig war, denn hätte man das Ding nur so herumgetragen, wäre die Glut erloschen, durch das Kreisen aber hielt sich im Luftzug das Glosen des Kerns über Stunden, sodass man zu Hause dann Licht und Feuer würde entzünden können. Über Stunden also bewegten sich kleine Gruppen von Osternachtschwärmern durch die schwarze Frühjahrsnacht, von Weitem erkennbar durch den kleinen roten Ring, der da durch die Flanken des Gebirges wanderte, der durch das Drehen des Schwammerls an seinem Draht immer wieder aufglühte. So wussten wir, wenn wir sie erspähten, wie weit denn die von der Dammkarhütte oder die von der Vereinsalm oder die von diesem und jenem Hof schon gekommen waren, weil das glimmende rote Schwammerlringlein sie wie ein kleiner roter Heiligenschein im Dunkel begleitete, so lange, bis sie glücklich mit der Glut angekommen waren oder bei den entferntesten Höfen die erste Morgendämmerung alles verblassen ließ.

Das rührte mich noch mehr an als das Leuchtkugelschießen. War nämlich Silvester gekommen, dann klommen die unerschrockensten jungen Burschen auf die vereisten Zinnen des Karwendels, entzündeten über die ganze horizontweite Wand verteilt Feuer in Gestalt der Zahl des Jahres, in das die Welt eintrat, und schossen von dort oben gewaltige Feuerbälle ab, die tief ins Tal und tief in unsere Kinderseelen herabschwebten und die von unseren Buckelwiesen aus viel besser zu sehen waren als aus der Steillage des Tales und die im Grunde verboten waren, weil jeder wusste, dass das Militärleuchtmunition war, die man in der Kaserne abgezweigt hatte.

Selbst an so stillen Tagen, an Weihnachten, an Ostern, an Silvester, war das Erste, was sich rührte, der Zug. Die Bahn mochte nie Pause machen. Sehr frühe Züge zogen auf dem Bahndamm oberhalb des Hauses vorbei, mit dem sonor untergründigen Brummen der elektrischen Lokomotivenseele, mit dem leisen, weil langsamen Schlagen der Räder über den Schienenfugen, von alledem aber außer mir niemand Notiz nahm, weil Züge uns ohne Bahnhof nichts nutzten, aber weil man sie auch nicht mehr hörte vor lauter Gewohnheit. Wie eine gute Uhr, die noch so oft schlagen kann, oder ein schönes Geläut, das ein ganzes Tal füllen kann, man gewöhnt sich in kürzester Zeit an die Geräusche der Eisenbahn, hört sie nicht mehr, in ihrem stetigen Regelmaß, ihrer beharrlichen Pünktlichkeit, die in mir Knirps irgendwie die Vorstellung reifen ließ, dass diese weite Welt, aus der diese Züge kamen und in die sie verschwanden, mir doch irgendeinmal offenstehen würde. Die vielen Autos, die ich auf dem Kieshaufen an der Straße hockend und zählend beobachtete, die hatten für mich nichts wirklich Zukünftiges: Sie, die für mich alle Straßenkreuzer waren, insbesondere der Opel Rekord mit seinen Heckflossen, das waren Raumschiffe, die aus einer Welt kamen und in eine Welt entschwanden, deren eine wie andere für mich nicht gemacht schien und in die ich, so war ich überzeugt, nie kommen würde. Dies, obwohl wir ja oftmals von mitleidigen Urlaubern im Auto mitgenommen wurden. So nahm sich öfter jemand dieser Kinder auf dem Schulweg an, die da die Straße entlangstapften, manchmal auch verstohlen winkend, damit jemand sich unserer erbarmte und anhielte, um uns für die paar lächerlichen Kilometer aufzulesen, die uns oft wie eine biblische Strafe vorkamen. Wir wussten alsbald die Menschen, die immer mit Hut und Krawatte auch hinter dem Volant auf Haltung bedacht waren, von jenen zu unterscheiden, die mit ihrer fröhlichen Sippe im Feinrippunterhemd hinter dem Steuer saßen, die oft aus den Industrierevieren des fernen deutschen Nordens kamen und mediterranen Küsten zustrebten, die sich jeweils vorzustellen verlockend, aber nicht verlohnend war, weil ich mit Bestimmtheit ja schon wusste, dass ich jene Welten nie erreichen würde. Die Züge aber hatten eine andere Realität: Sie, die nie hielten und eigentlich so viel entrückter und unwirklicher waren, fuhren für mich nur so lange vorbei, bis ich bereit und präpariert genug wäre, mich mit ihnen aus dieser Welt am Bahndamm hinauszuwagen.

Wir waren es gewohnt, dass der Vater mit diesen Zügen in ungeahnte Entfernungen entschwand, aber zuverlässig auch wiederkehrte, was mein Zutrauen unerschütterlich werden ließ. Manche Heimkunft geriet so spektakulär wie die Abreise. Vater, der stets mit Musikinstrumenten und Noten unterwegs sein musste, weil weit weg immer Leute seiner Unterweisungen und seiner musikalischen Darbietungen harrten oder weil er neue Instrumente ausliefern wollte, hatte geradezu artistische Rituale entwickelt, wie der Weg von unserer Baracke am Schmalensee zum Bahnhof im Städtchen mit mindestens zwei Fidelkisten sowie seinem persönlichen und einem bleischweren hölzernen Notenkoffer zu bewältigen war. Die Fuhre bewältigte er stets mit dem Rad, einem wuchtigen Drahtesel der Firma Wanderer, dessen Transportleistung nicht genug gerühmt werden kann. Auf dem großen Gepäckträger wurden Koffer und Notenkoffer verzurrt, im Rucksack fanden ein oder zwei Instrumentenkästen Platz. Die letzte, meist größere Fidelkiste aber postierte Vater vorne längs auf dem Lenker. Nur – so bepackt konnte er nicht aufsteigen und losfahren. So stieg er ohne das Ding auf dem Lenker auf, fuhr los und ließ sich entweder von jemandem von den Größeren die letzte große Fidelkiste im Anfahren zureichen, um dann fortzustrampeln; oder, wenn nur wir linkischen Kleinen da waren, postierte er die Kiste auf den Stufen der Gartentreppe, fuhr dann ein paar Meter vorher los und griff sich beim Vorbeifahren die letzte Fidelkiste, schwang sie auf den Lenker und trat von dannen.

Die Heimkunft aber konnte zumindest im Winter zum Abenteuer werden. Wenn nämlich Schnee lag, dann suchte Vater zumeist schon am Hauptbahnhof in München, wie er uns verriet, den Lokführer mit guten Worten und einer Schachtel Zigaretten geneigt zu stimmen, an diesem höchsten Punkt der Bahnstrecke so langsam, also noch ein Quäntchen langsamer zu fahren, als es ohnehin geboten war, damit Vater genau über unserem Haus zumindest den bleischweren Noten- und seinen persönlichen Metallkoffer aus einer Tür oder seinem Abteilfenster wuchten und in den Schnee werfen konnte, ohne dass er gleich zerschellte. Wir warteten, auf die Präzision des Fahrplans vertrauend, meist im Dunkeln des späten Abends hinter der Baracke auf den Zug, spähten nach den aus dem Licht des Inneren stürzenden Gepäckstücken, stürmten den hohen Bahndamm hinauf, um mit großem Jubel dann auf dem schweren Holz- und dem so schön glatten Metallkoffer die lange Flanke des Dammes hinunterzurodeln. Vater kam dann viel später mit dem Rad und den Instrumentenkisten aus dem Städtchen angeradelt. Die Fideln mit hinauszubugsieren war ihm zu riskant, hatte doch der Versuch, eine Tenorfidel in ihrer Kiste mit hinauszuwerfen, zu einem veritablen Bruch und damit zu einem schwer zu verkraftenden Verlust geführt. Diese sanfte Lastenentladung funktionierte Jahre, bis letztlich ein nüchterner Großkopferter bei der Bahn diese menschliche Hilfestellung der Lokführer als Eskapade interpretierte und verbotsmäßig unterband.

Wann immer sich für mich ein Zug akustisch ankündigte – ich hörte das Läuten und Pfeifen an diversen Übergängen und den charakteristischen, voluminösen Summton der Lokomotiven von Weitem, konnte die einzelnen Maschinentypen sogar am Klang ihrer elektrischen Seele unterscheiden –, rannte ich hinters Haus und freute mich an dem technischen Spektakel, als wäre es meine Spieleisenbahn. Und wenn erst der gläserne Zug vorbeifuhr, dieser gänzlich mit einer Glaskuppel überwölbte Aussichtstriebwagen vorbeischwebte, war ich nicht zu halten, deutete mit beiden Händen hinauf und rief mit meiner Kinderlispelstimme: »Der läserle Zsug, der läserle Zsug!« Dabei wies ich mit zwei

Kinderarmen nach oben, die sich, so sagt die Legende, übereinanderlegten, so wie sich mein Blick übereinanderlegte, da ich mein Leben lang, in Kindertagen aber deutlich sichtbar, einwärts geschielt habe, wobei die zeigenden Hände der Missweisung im Blick meiner beiden Augen folgten. Sagt die Legende.

Einmal saßen wir am Küchenfenster, als ein gewaltiger Blitz mit einem gewaltigen Schlag oben aus einem Masten der Eisenbahnverdrahtung schlug und ein schwarzes Etwas zu Boden fiel. Wir erklommen den Hügel vor dem Bahndamm, auf dem eine vom Gewitterblitz gespaltene, verwundene und verwunschene Lärche stand, und fanden eine arme verschmorte Krähe zwischen den Schienen. Sie hatte wohl beim Auffliegen mit den Flügeln die Stromdrähte berührt und war im Spannungsbogen verglüht. Wir versenkten sie im Bach, in dem wir immer Dämme und Stauseen errichtet hatten, versenkten sie dort, um die nächsten Wochen lang ihren Verwesungsprozess zu verfolgen.

Als Mutter einmal ins Erzählen kam, was sie gerne tat und uns ein Quell unglaublicher Kenntnisse über die Welt und ihre Wunder und Dinge und Bräuche gewesen ist, wozu Mutter aber nur viel zu selten die Zeit fand, da erzählte sie eine ganz andere Zuggeschichte aus den letzten Kriegstagen. Von dem Zug mit den KZlern, wie man die damals nannte, der plötzlich oberhalb des Schmalensees, dort, wo die Bahn wie in einer Spielzeuganlage den Talkessel umrundete, zum Stehen kam, aus dem dann eine gewaltige Schar elender Gestalten quoll, die sich auf unseren Weiler zubewegte. Bei der Schilderung, dass sie alle kahlköpfig gewesen seien, der Läuse und des Grindes wegen, ging mir endlich der Zusammenhang von Haarlänge und KZ auf und interessierte mich kurzzeitig mehr als der Rest der Geschichte, denn endlich konnte ich mich grundlegend damit befassen, ob der Rektor Kreuzer nun Läuse oder den Grind gehabt hatte mit seiner KZler-Glatze. Man erzählte sich, und so schilderte es uns auch Mutter, die Nazi hätten kurz vor der Ankunft der Amerikaner in Dachau hinter München das dortige KZ leer geräumt, die Insassen in einen Viehtransportzug gesperrt, um sie in die Alpenfestung zu schaffen, an die sie fest geglaubt hätten, bis es die Bewacher von der SS in den Buckelwiesen oberhalb des Schmalensees aber dann mit der Angst zu tun bekommen hätten und auf und davon seien. Da stand er also, der Zug; und da krochen die KZler hervor, und der bebende Abscheu, mit dem andere Erwachsene unverzüglich von diesen »Kreaturen« sprachen, vibriert heute noch nach im Kopf, von diesen ausgemergelten Gerippen, deformierten Leibern, wie Totenschädel hohlen Gesichtern. Mutter aber erzählte, wie einer jener an ihrer Tür ankam, ein Bursche von vielleicht achtzehn oder neunzehn Jahren, wie sie schätzte, der aber aussah wie ein Greis, der sich eigentlich nur mehr herbeischleppte, ausgemergelt, moribund, vom Elend entstellt und entkräftet. So einer also landete an unserer Tür, und als Mutter aufmachte, so erzählte sie es, wollte er plötzlich trotz beißender Kälte das Haus nicht mehr betreten, weil er ein Gewusel von kleinen Kindern vor sich sah. Er sei elend und krank und ansteckend, habe er gesagt, und das sei nichts für Kinder, und er wolle nicht ins Haus, er wünsche sich nur etwas zu essen und zu trinken. Mutter, stets beherzt in prekärer Lage, bat ihn immerhin ins Vorhaus und bereitete ihm oberhalb der Kellertreppe eine Bettstatt. Er aß und trank und war am anderen Morgen tot. »Einer«, sagte Mutter, »der solche Qual und solche Bosheit erlitten hat, wollte meine Kinder nicht anstecken mit seinem Elend!« Sie, die wir fast nie haben weinen sehen, verlor mit diesen Worten eine Träne um diesen wahren Menschen.

Ruhr, Typhus, Diphtherie, Scharlach und andere Pestilenz, die mit Chaos, Hunger und totalem Mangel einhergeht, sollten dem Haus gleichwohl nicht erspart bleiben. Zeitweilig tummelten sich die Schadmikroben in einem unseligen Wettbewerb in den Eingeweiden der Familie. Vater war bei Kriegsende weit weg, wo, wusste man nicht recht, nirgendwo und irgendwo auf dem Heimweg von seinen seltsamen Abenteuern als Arbeitsdienstführer in den Schluchten des Balkan. Mutter hielt irgendwie den Laden zusammen, profitierte von eigener Um- und Voraussicht, die sie zu den gut versorgten Nazizeiten zu besonderen Vorkehrungen ermuntert hatte. Der Weiler, über dem unsere Baracke thronte, hatte sich vom Arbeitsdienstlager zunächst zu einem Sammelpunkt von versprengten Wesen aus aller Herren Länder gewandelt, die von den Nationalsozialisten zur Arbeit ins Reich zwangsverpflichtet worden waren, oder die aus anderen Gründen, die auseinanderzuhalten damals nicht opportun erschien und oft auch nicht möglich war, aus dem Teil der Welt gerissen worden waren, den sie für ihre Heimat hielten oder in dem sie Familie und Zuhause hatten. Das setzte sich fort, denn später wurden die einstigen Arbeitsdienstbauten Flüchtlingen aus dem Sudetenland und Schlesien zugewiesen, wo es mit dem Deutschsein endgültig sein Bewenden gefunden hatte; es blieb also bei den Heimatlosen im Weiler und es blieb auch bei der Bezeichnung »Lager« für diesen Ort, die auch noch galt, als aus Baracken schmucke Häuser und aus Flüchtlingen situierte, teils sogar wohlhabende Bürger und »Einheimische« geworden waren. Direkt nach Kriegsende aber sammelten sich neben der Vielzahl an Nationalitäten mit den armseligen Gestalten dort auch die Mikroben aus all den anderen Lagern, Gefängnissen, Rüstungsbetrieben und Rekrutierungsstätten des verflossenen Terrorregimes. So kam es, dass bei aller Umsicht manchmal Ruhr und Typhus gemeinsam unser Haus heimsuchten, zeitweilig lagen so gut wie alle darnieder, selbst Mutter vermochte sich kaum noch auf den Beinen zu halten, und die Kinder, die als Elendsgestalten flackernden Fieberblicks in den Ort wankten, waren dort als Ansteckungsbomben wenig willkommen. Welche der Keime und Mikroben sich gemeinsam über unseren Bruder Dieter, damals den Jüngsten, hergemacht hatten, mit seinen zwei Jahren, wurde nie ganz ermittelt, war den Beteiligten, insbesondere einem alten Feldscher im Ort, der die Rolle des Doktors ausfüllte, allerdings auch ziemlich egal, es ging ja nur um Leben und Tod eines Kindes. Aplona, ein gegen Durchfall bewährtes Pektinkonzentrat, damals rar wie eine Arznei, sollte ihn retten, galt zumindest als überlebenswichtig. Es ging aus, und unsere größte Schwester Maria schleppte sich ins Städtchen, um beim Feldscher das Pulver abzuholen. Der fragte sie, für wen die Arznei denn gedacht sei, und auf die Antwort, die sei für den kleinen Dieter, kam die verblüffte Nachfrage: »Was, der lebt noch?«

Dass er sogar fröhlich alt geworden ist, verdankt er nicht dieser Medizin, sondern der Hexe. Es ist ein seltsam Ding, dass am Zauschbach, der bei der alten Zuchtanstalt für Bisamratten, deren Fell der Winterpelzerzeugung für diverse Winterkriege hatte dienen sollen, die aber bald entkommen und zur allgemeinen Plage geworden waren, in den Schmalensee mündete, dass an diesem Zauschbach in einem verwunschenen Häuschen die Frau Zausch wohnte. Wie diese staunenswerte Namensgleichheit zustande kam, blieb uns immer ein Rätsel, genauso, woher die Frau Zausch die Kräfte nahm, die sie in den Augen der Lagerleute zur Hexe machten, zu einer der Hexen wie in russischen Volksmärchen, in denen man von den alten heil- und zauberkundigen Weibern nie so ganz genau weiß, ob sie gut oder böse gesinnt sind, was sie eigentlich je nachdem sind, wie man mit ihnen umgeht. Die Frau Zausch also galt als Hexe, genoss zugleich Respekt und den Ruf außerordentlichen Wissens über die Natur und die Kräfte zwischen Himmel und Erde, von denen wir uns nichts träumen lassen. Als Dieter schließlich nichts mehr, rein gar nichts mehr an Speis und Trank behielt und schlichtweg an totaler Austrocknung und gleichzeitig am Hungertod zu sterben drohte, bat Mutter die Frau Zausch um Rat, so sagt es die Familienlegende. Die kam trotz Alters und einiger Gebrechlichkeit, brachte eine große Faust voller Gerste mit, schlichtes Gerstenkorn. Die, so trug sie der Mutter auf, müsse diese mindestens eine halbe Stunde lang selbst kauen, bis daraus ein Brei geworden sei, und den müsse sie dem Kinde dann einflößen. Mutter tat wie ihr geheißen, und siehe, der Knabe, der längst nichts, rein gar nichts mehr zu behalten vermocht hatte, erbrach Mutters Gerstenbrei nicht sofort, und der Brei kam auch nicht mehr sofort hinten heraus, und so kam der Bub allmählich wieder zu Kräften und überlebte zur Überraschung, ja, wie es schien, gar zum Missfallen gewisser Leute, die der alten Hexe vom

Zauschbach dieses Wunder nun wirklich nicht gönnen mochten. Oder war es gar nicht so? Einige Geschwister beharrten später darauf, Frau Zausch sei eine eher junge, gar schmucke Person mit einem Töchterlein gewesen, die, sehr abgelegen wohnend, bei uns einige Tage Zuflucht gesucht habe, als die Gegend nun doch zu sehr erst von den Elenden und dann den Gewinnlern des verlorenen Krieges wimmelte. Die mit der Faust voll Gerstenkorn sei die steinalte Großmutter der sudetendeutschen Familie Plechinger gewesen, die sich auf allerlei natürliches Heilen verstanden habe. Sind sie, die schöne Junge und die kluge Alte, in meinem Kinderglauben zu einer Sagengestalt verschmolzen, oder ist meine Version schon deshalb die wahre und richtige, weil sie so viel schöner ist? Mein Bruder Dieter jedenfalls ist gesund und alt geworden vom Gerstenkorn, das ist sicher.

Die Nazi, so erwähnte Mutter oft, hätten schon aus ideologischen Gründen stets ein besonderes Auge auf Großfamilien wie die unsere gehabt und dafür gesorgt, dass es ihnen materiell an nichts fehle. So bekam die Familie bis zuletzt reichlich Zuckermarken zugeteilt, schon der Kinder wegen, und Vater, der Nichtraucher, eine Sonderzuteilung von

Tabak, gleichsam aus Respekt vor der Zeugungskraft seiner Lenden. Die Eltern, die sich in der katholischen Jugendbewegung kennengelernt hatten, hielten es schon immer mit biologischen und naturnahen Dingen im Leben, benannten sich selbst mit gewissem Stolz als Kohlrabiapostel, mit einem Begriff, mit dem der Rest der Welt eher Spott und Verachtung für solche Spezies auszudrücken gedachte, die mit Gitarre und Jesussandalen aus grauer Städte Mauern ins Grüne gezogen waren und dort ein naturnahes Leben als Alternative zum städtischen Rausch suchten. Wie überzeugungsmächtig der Einsatz der Eltern für die sogenannte Lebensreformbewegung gewesen sein muss, mag belegen, dass sich die absolute Traditionsbäckerei im Städtchen bald nach dem Krieg bewegen ließ, wenigstens eine Sorte Grahamsemmeln zu backen, was angesichts der Gepflogenheit des Ortes einer Revolution gleichkam, war man sich doch nicht einmal dessen sicher, ob das Vitamin, von dem neuerdings so viel die Rede war, gesund oder doch nur eine gefährliche Neumode wäre. Mutter selbst hatte vor dem Krieg, als die junge Familie zeitweilig im Chiemgau auf einem Bauernhof untergekommen war, eigenes Brot gebacken, ganz nach ihren Vorstellungen, gesund zu essen. Die Bäuerin hatte das mit Wohlwollen beobachtet, hatte sich aber niemals auch nur einen Brocken dieses Brotes ausgebeten, um es zu probieren. Auf die Frage warum eigentlich nicht, kam die prompte Antwort: Mutter mische ja auch Kleie in ihren Brotteig, das sei Saufutter, und was die Sau ins Maul nimmt, nehme ein anständiger oberbayerischer Christenmensch niemals in den Mund.

Auch Vater hat als Leiter eines Arbeitslagers für den Bau der Alpenfestung im slowenischen Karst eigenes Biobrot für die Zwangsarbeiter backen lassen, ohne dass es den Begriff damals gegeben hätte, und welchen Anklang das fand, bezifferte sich in dem enormen Preis, den ausgerechnet das Brot aus einem Gebirgszwangsarbeiterlager als gesuchte Schwarzmarktware auf den Märkten Sloweniens, des Friaul und in der Isonzo-Stadt Görz erzielte.

Dass für Menschen wie diese Kohlrabiapostel besondere Zuwendungen ausgerechnet an Zucker und Tabak wenig verlockend waren, versteht sich von selbst. Mutter hat die aus ihrer Erfahrung gute Obsorge der braunen Familienpolitiker für ihren Vielkinderhaushalt später niemals mit politisch nostalgischen Anmerkungen garniert, auch nicht zu Zeiten, als es bitterkarg zuging, sie hatte vielmehr den aus ihrer Sicht nutzlosen Überfluss zur

Vorsorge genutzt, in der Vorahnung auf miserable Tage. Nutzloser Überfluss deshalb, weil es zu Hause niemals, außer an höchsten Festtagen und bei Besuchen von Tante Dora, süßes Zeug oder gar gesüßte Getränke gab, nicht der bittere Malzmilchkaffe, nicht der säuerliche Malventee, nicht der duftende Pfefferminztee, nichts wurde gesüßt. Mutter bot anderen Familien, denen der Zucker nicht genug sein konnte, diese und die Marken für Vaters Zigaretten gegen Brotmarken an. Das Mehr an Brot aber schnitt sie in dünne Scheiben, röstete diese auf der blanken Platte des großen, holzbefeuerten Küchenherds und schlichtete sie dann in eine große Blechschachtel. Und als es mit dem Krieg und so auch mit der reichlichen Versorgung vorbei war, so gründlich, dass Monate nagenden Hungers einzogen, da rettete diese absolute Notration aus der riesigen Blechschachtel die Familie. Zwei dünne Scheiben vom herdgerösteten Brot gab es pro Tag und Nase. Und um zu verhindern, dass die Kinder ihre Ration heißhungrig verschlängen, schrieb sie einen geschwisterlichen Wettbewerb aus, wer wohl am längsten brauche, um das Brot zu verzehren. Es wurde gezählt, wie lange jemand einen Bissen zu kauen vermöge, und es gelang ihr so, die Kinder zu bedächtigstem Verzehr anzuhalten, obwohl es keinen materiellen Preis gab, um den sich besonders zu mühen verlohnt hätte.

Mit seinem Ende kam der Krieg auch am Fuße des Karwendel an. Der militärischen Eroberung des »Lagers« war tagelanges Artilleriefeuer über die Köpfe hinweg hinüber ins Isartal vorangegangen. Die Alliierten, namentlich die amerikanische Vorhut, wussten sehr wohl um die große Gebirgsjägerkaserne nahe dem Städtchen, die aber um diese Zeit längst verlassen war, was die heranrückenden Eroberer – oder waren es doch Befreier? – nicht hinderte, sie für einen Vorposten der gefürchteten Alpenfestung der Nazi zu halten. Als der Beschuss unerwidert blieb, besser, nicht mit Granaten, sondern mit weißen Fahnen beantwortet wurde, kam die Sturmspitze und an deren Spitze die Schwarzen, die riesigen Neger, wie sie damals arglos hießen, die für die Feindtruppen immer zuerst den Kopf hinzuhalten hatten. So einer betrat mit dem Sturmgewehr im Anschlag die Baracke, worauf der winzige zweijährige Dieter sich vom Töpfchen erhob und mit seinem rotblonden Schopf dem schwarzen Feldwebel entgegenwackelte, was den mächtigen Eroberer zu einem breiten Lachen und dem Ausruf animierte: »A little Nazi!« Diese Begegnung, sagte Mutter, habe dazu geführt, dass mit dem Ende des »Dritten Reiches« die beißende Not nicht total und sofort ausbrach, sondern erst mit Verzögerung, weil der große schwarze Mann, bevor er weitermarschieren musste, ein fürsorgliches Auge auf seinen kleinen Nazi hatte. Von ihm und den späteren großen schwarzen Autofreunden kann jedenfalls jenes grässliche Wort nicht hergeleitet worden sein, das, wenn wir es aussprachen oder uns um die Ohren brüllten, bei Mutter scharfe Reaktionen auslöste: Affelinzkusneger. Wer immer diese Verwünschung, den Affelinzkusneger, in den Kinderkreis eingeschleppt hatte, der hatte uns eine scharfe Wortwaffe verliehen, die wir nur in äußerster Bedrängnis oder Wut gegen die anderen schleuderten, ein Wort, dessen übelster Zuschnitt uns sehr klar, dessen wahre Bedeutung uns aber keineswegs bewusst war.

Es war ein Kommen und Gehen im Lager. Kameraden des großen schwarzen Mannes. Versprengte der Nazi-Umtriebe. Vertriebene. Die Soldaten zogen bangen Herzens weiter, in der Furcht, dass die Alpenfestung doch mehr sein könnte als eine bedrohliche Legende. Die Versprengten zogen bangen Herzens weiter, ob sie je die Heimat wieder- und was sie dort vorfinden würden. Die Vertriebenen blieben.

Sie blieben so gründlich, dass die Einheimischen mit stockendem Atem verfolgten, wie die sich Festungen zu bauen schienen, aus denen man sie nie wieder vertreiben würde können. Sie begannen zu zimmern und zu sägen, zu nageln und zu schrauben, zu putzen und zu mauern, wie es die eher behäbigen Leute ringsum noch nie zu sehen bekommen hatten. Dass diese Fremden zwar sehr deutsch, aber irgendwie doch sehr anders waren, das war klar. Aber diese Emsigkeit. Nehmen wir Herrn Neudegger. Der Herr der Maße und Gewichte war Sudetendeutscher, wie die meisten Neubürger in der Umgebung. Nicht nur, dass er als einer der ersten Ankömmlinge die ihm zugewiesene Baracke binnen kürzester Zeit sägend und schraubend in ein noch respektableres Häuschen umwandelte, dem bald, nachdem es auch noch außen verputzt worden war, niemand mehr anzusehen vermochte, dass es sich um eine einst recht nüchterne, wenn auch brauchbare Unterkunft für Einsatzmänner des Reichsarbeitsdienstes gehandelt hatte. Herrn Neudeggers Vorliebe für Distanzen und Strecken, für Abweichungen und Annäherungen, verlieh der Zufallsgemeinschaft der im »Lager« und auch im Ort Zwangszugezogenen eine eigene Weihe und Hierarchie. Als Erstes nämlich, bevor Herr Neudegger sich um die korrekt zu vermessenden Dimensionen der weiteren Umwelt zu kümmern begann, maß er die Weite und Mühsal des Fluchtwegs. Seine eigene Strecke, die er hatte zurücklegen müssen, schätzte er bei allem oft beschriebenem Schmerz über die erzwungene Abreise aus seinem geliebten Altvatergebirge als allenfalls mittelmäßig und sich selbst als keiner prominenten Flüchtlingsgruppe angehörig ein. Schon gar jene, die aus dem Böhmerwald kamen oder aus dem Egerland, die gerade mal zweihundert oder dreihundert Kilometer entfernt von ihrer Heimat nun im Schatten des Karwendel gestrandet waren, konnten nicht wirklich mit gewichtigerem Mitgefühl rechnen. So verfertigte Herr Neudegger alsbald eine Liste des Flüchtlingsadels, wie man versucht ist zu sagen, indem er die Kilometerleistung des Fluchtwegs noch in Beziehungen setzte, ob diese Strecke über Land und zu Fuß, einen Leiterwagen ziehend, zu Schiff, mit dem Fahrrad, zu Pferd oder mit dem Auto, mit der Bahn oder mit anderen Hilfs- und Transportmitteln bewältigt worden war. Sein Dokumentationseifer ließ ein Dokument des Wegmüssens und Sich-Durchschlagens entstehen, ließ dieses Dokument zu einem rührenden Konvolut der größten Abenteuer und Schicksale anwachsen, was aber keineswegs die Absicht des Herrn Neudegger gewesen war: Der hatte nur und ausschließlich feststellen wollen, wer aufgrund seines besonders langen Fluchtwegs in Korrelation mit den besonderen Beschwerlich- und Widrigkeiten auf der Strecke seiner besonderen Wertschätzung sicher sein durfte, oder wer eben nicht. Ein älterer Herr aus dem Memelland durfte sich prominentester Herausstellung rühmen, war das doch eine Vertreibungsstrecke von überwältigender Distanz, was die einst deutschen Gebiete anbetroffen hatte. Was die Volksdeutschen aus anderer Herren Länder betraf, die man nach dem Krieg vom Balkan, aus der Bukowina oder gar vom unendlich weit entfernten Kaukasus – ja, auch von dort gab es vereinzelt Versprengte einst deutscher Siedlungsinseln –, was die anbetraf, mochte sich Herr Neudegger nicht wirklich entscheiden: Ob nämlich die Flucht eines »echten« Deutschen aus dem Memelland nicht doch letztlich höher einzuschätzen sei als die eines Volksdeutschen aus einem wenn auch doppelt so weit entfernten Nirgend- oder Irgendwo, die bereits vor Jahrhunderten eine ferne Heimat dem topografischen Kern des Deutschseins vorgezogen hatten. Letztlich, das ließ Herr Neudegger uns Kinder wissen, genossen bei ihm Schicksalsgenossen aus Ost- und Westpreußen oder Pommern weit mehr Achtung als etwa seine Landsleute aus dem Sudetengau, vielleicht auch deswegen, weil es von den anderen hier nur ganz, ganz wenige, eigentlich fast niemanden gab.

Dass aber all diese Leute in einer nachgerade bestürzenden Weise fleißig sein würden, machte den Umgang mit ihnen für die angestammte Bevölkerung der Randwelt der Hochalpen doch ziemlich schwierig, nötigte den meisten aber Respekt ab. Die Leute im Ort, der schon seit Jahrhunderten einiges Ansehen als Ursprung meisterlicher Musikinstrumente, namentlich von Geigen, Bratschen und Celli herausragender Qualität genoss, hatten gar nicht gerne gesehen, dass die Alliierten, die im Chaos der Flüchtlingsströme so etwas wie Logik und Sinn wirken zu lassen hofften, just hier die durchaus zahlreichen und gut ausgebildeten Musikinstrumentenbauer aus dem Sudetenland einzuquartieren suchten. Unter den angestammten entfachte das einen Sturm der Entrüstung. Eifersucht und schierer Brotneid ließen die sonst so sehr auf Ehr und Anstand bedachten Handwerker all ihre Würde vergessen und wild gegen die Neuansiedlung allzu fleißiger Konkurrenten agitieren. Die alliierte Verwaltung resignierte schließlich, nur wenige der vermeintlichen Nebenbuhler wurden heimisch und dafür meist sehr angesehen, so angesehen, dass man sie nötigte, sich doch alsbald als alteingesessene Geigenbauerfamilien auszugeben und die Neuzuwanderung schlichtweg zu leugnen. Die anderen aber, die man schnöde abgewiesen hatte, wurden auf eigene Initiative von den Alliierten zusammengefasst und gründeten in Franken ein Musikinstrumentenbauerdorf, das dann auf Dauer wirklich zu einer ernst zu nehmenden Konkurrenz für die neidischen Handwerker bei uns heranreifte.

Dass Flüchtlinge so anders sein würden als die Leute hierorts, dass man sich vor ihnen geradezu fürchten müsste? Dass sogar einer der katholischen Ortsgeistlichen sich genötigt sah, grundsätzlich vom Umgang mit solchen Leuten abzuraten? Die Flüchtlinge waren fast ausnahmslos Protestanten. Und sie waren so viele, dass alsbald in diesem in Brauchtum, Selbstverständnis und Weltsicht ganz selbstverständlich kernkatholischen Ort eine evangelische Kirche gebaut werden musste. Wieder einmal erschloss sich mir nicht, was das denn sei, evangelisch, zumal es Evangelische gab, die bei uns zu Hause ein und aus gingen, erhebliches Ansehen genossen bei den Eltern und als weitaus klüger galten als Leute, die zwar als katholisch, aber dennoch, oder vielleicht sogar gerade deshalb, als weit beschränkter galten.

Zu diesen zumindest geistigerweise edleren Protestanten gehörte nicht nur die jugendliche niederländische Witwe eines, so sein posthumes Echo, ausgebufften Großnazis des Ortes, der schon deswegen ein Großnazi gewesen sein musste, weil die Dame in einem Haus wohnte, das man leichthin eine Villa hätte nennen können, und das für mich schon die respektable Vorform eines Schlosses verkörperte. Sie fuhr auch ein Auto, was nur den wenigsten im Ort gegeben war, ein imposantes Vehikel, das sechs Personen fasste und aus Italien kam und in Form und Betragen aus allem herausstach, was mir bislang als Auto begegnet war. Diese Person bezwitscherte Vater unentwegt, und selbst dem Kind dämmerte, dass es noch andere Dinge gab, deretwegen man den Vater toll finden könnte außer der Tatsache, dass er der Vater und sehr stark war. Dass er katholisch war und Musikinstrumente baute, war sicher nicht der Grund von Verehrung und Interesse, obwohl das manchmal als schwärmerische Ursache aller Sympathie ausgegeben wurde. Und dass es da um etwas Besonderes gehen musste, dafür sprach, dass Vater, der Mutter gewöhnlich auch von banalen Unternehmungen im Ort oder sonst wo minutiös Auskunft zu geben pflegte, sich nach Begegnungen mit dieser protestantischen Heroine ungewohnt wortkarg gab und nicht oder auf Nachfrage nur beiläufig Erwähnung davon tat, was Mutter mit resigniertem Seufzen quittierte.

Dann gab es noch das Schulmeisterpaar der neu gegründeten evangelischen Zwergschule, die, zweiklassig, von nur zwei Lehrkräften geführt wurde, und deren einer ein lebhafter Gesprächspartner unserer Eltern war, bei denen der Diskurs mit interessanten Leuten über alles, was man sich an Themen nur ausdenken konnte, zum Höchsten des Vergnügens und der Abwechslung überhaupt zählte, was die malmende Mühsal des Großfamilienlebens unterbrechen konnte. Diese Debatten, in denen Mutter die Wortführerin und Vater eher der Sekundant war, mündeten in Sonntags- und Festtagssituationen, die meine Geschwister als bleierne Stunden der unentrinnbaren Verhaftung am Familientisch in Erinnerung behielten, die in mir jedoch auf eine seltsame und tiefe Weise ein Leben lang nachhallen sollten, obwohl ich von dem, was da besprochen wurde, naturgemäß so gut wie nichts verstand, mir vieles davon aber dennoch merken konnte.

Unter den Riten der Familie genossen die gemeinsamen Mahlzeiten den allerhöchsten Rang. Die familiäre Regel war, dass die Kinder nur mitreden durften, wenn sie gefragt wurden. Die Mahlzeit begann mit dem Tischgebet, das an Festtagen gemeinsam gesungen wurde, was ich ganz wunderbar fand, zumal ich alsbald neben der ersten auch noch andere Stimmen mitsingen durfte, und dessen Feierlichkeit für mein Gefühl auch nicht litt, wenn an indisponierten Tagen der Chorus harmonisch Schiffbruch erlitt. Dann wurde gegessen, was bereits die Gesprächslaune anfachte und die dauerte dann und dauerte, und wir Kinder saßen daneben, denn zweite unumstößliche Regel war, dass sich vom Tisch zu entfernen erst erlaubt war, wenn wiederum das Tischgebet gesprochen und die Tafel aufgehoben worden war. Dieser Ritus galt eisern und unabänderlich.

Ausnahmen gab es nur aus höchster Not, wenn zum Beispiel unserer Schwester Gertrud die Suppennudeln aus der Nase kamen, weil man ihr kurz zuvor die Mandeln herausgenommen hatte, dann durfte sie vom Tisch aufstehen, um im Bad Gegenmaßnahmen einleiten, das Kleid säubern und gesellschaftsfähig an die Tafel zurückkehren zu können, doch banale Anlässe zum erlaubten Verlassen der Tafel gab es nicht.

So saßen wir an Feiertagen oft Stunden und lauschten den Erörterungen über Gott und die Welt, und zwar buchstäblich, weil Mutter schon früh eine Enthusiastin der Quantenphysik geworden war, weshalb sie meinte, über diese Erkenntnisse werde Gott in seine Schöpfung zurückkehren, weil die Menschen erkennen würden, dass es sich bei der Welt nicht um ein mechanistisches System, sondern um einen in sich lebenden Organismus handle, bis weit in das All hinaus. Dass Gott also im Sein an sich wohne und weder im Himmel noch in der Kirche, und Max Planck war mir als Kind ein Begriff wie ein Freund der Familie, weit sympathischer und aufregender als viele unserer Apostel und Heiligen. Auf viele dieser mir damals gänzlich unverständlichen Dispute und Erörterungen habe ich mir erst viel später im Erwachsenenleben einen Reim machen können, und wovon eigentlich die Rede gewesen war, hatte ich nicht im Entferntesten ahnen, hatte mir aber so vieles, beinahe alles merken können, sodass ich heute behaupten darf: Die Basis meines Allgemeinwissens sind heute noch die unverstandenen, aber so einprägsamen Debatten am Familientisch in der Baracke in den Buckelwiesen.

Ein seltener, aber umso höher geschätzter Sparringspartner solcher Weltanalysen war das erwähnte protestantische Schulmeisterpaar, und ein Thema dieser Debatten war die Schule selbst, wobei naturgemäß ein zentrales Thema der heilige Zorn der Eltern war, dass im nach dem Krieg durch eine linke Regierung vorbildlich reformierten bayerischen Bildungssystem ein gewaltiger Rückschritt vollzogen und die konfessionslose Gemeinschaftsschule wieder in Konfessionsschulen aufgespalten wurde, einschließlich der neuerlichen Erlaubnis zur zuvor amtlich verbotenen Prügelstrafe. Und so kam es, dass ich, als ich eingeschult werden sollte, nach Wunsch der Eltern, namentlich der Mutter, auf die evangelische Zwergschule hätte gehen sollen, weil die Pädagogen dort unendlich viel qualifizierter seien als die an der drögen katholischen Volksschule, was ja auch ein großes Thema gewesen war in den politischen Auseinandersetzungen, bis die Politiker versprochen hatten, die nun wieder neu entstehenden Konfessionszwergschulen mit besonders qualifizierten Pädagogen auszustatten, was in unserem Falle auch erfüllt worden war. Die Empörung, ja, Erbitterung der Eltern, namentlich der Mutter, darüber, dass ihnen und mir diese Schulwahl verwehrt wurde, verstörte zusätzlich für lange Zeit das ohnehin nicht sehr vertrauensvolle Verhältnis zu Behörden und Kirche. Deren ablehnender Bescheid lautete schlicht, ich sei katholisch und hätte deshalb auf die katholische Schule zu gehen; die evangelische komme aus grundsätzlichen Erwägungen nicht in Betracht, da könnte ja jeder kommen.

Viele im Ort verstanden die Sache schon deshalb nicht, schien doch wenigstens Vater irgendwie wie einer von ihnen, wenn auch in München geboren, so doch ein Bayer, und, was ganz wichtig war, in seinem textilen Habitus viel bayerischer und heimatverbundener als es die meisten Leute im Ort und eigentlich nur noch die Bauern gewesen waren. Zwar baute er nicht wie die meisten Instrumentenbauer im Ort Geigen und Celli, sondern so seltsame Dinge wie Fideln und Gamben, wie Kantele und Psalterien und Knieharfen, aber immerhin baute er Musikinstrumente, und mit seinem wunderbaren Vollbart, mit seinen hirschledernen Kniebundhosen, dem Janker und den Haferlschuhen, später sogar mit einem komplett gamsledernen Ensemble trat er so stilecht alpenländisch auf, dass man ihn auch als Statisten in einem Heimatfilm hätte auftreten lassen können, wozu er tatsächlich einmal auch verpflichtet wurde, freilich ohne dann in der Kinofassung wirklich aufzuscheinen. All dieser Dinge wegen verstanden unsere Mitbürger keineswegs, was es mit diesem Schulstreit der Eltern mit der Behörde auf sich haben könnte, denn auch an der Rechtgläubigkeit der Eltern hegten wenige Zweifel, bewunderten sie doch die Energie, mit der die Mutter, immerhin eine sehr kleine Person mit einer sehr anstrengenden, sehr großen Familie, jeder Pflicht des Kirchenbesuchs folgte und ihre Kinder zu allen nötigen Übungen der hieüblichen Frömmigkeit anhielt, obwohl sie in Berlin geboren worden war. Dass sie in Wahrheit aufrührerische, ja, ketzerische Thesen vertrat, das wusste ja niemand. Aber da es sich bei unserer Familie im Blick der Gemeinde um eine Truppe hart am Rande des Spinösen, um nicht zu sagen hart am Rande des Asozialen handelte – schon damals sprach die irritierende Zahl von acht Kindern dafür –, nahm man das mit der üblichen Nichtachtung als familientypische Extravaganz hin, teilte allerdings die Ansicht der Behörden, dass dieser Einschulungswunsch auf keinen Fall angehe, weil das ja auch heißen würde, dass man die evangelische Zwergschule für die viel bessere als die katholische Großschule halten könnte, was als unerhört und im Grunde als Beleidigung zurückzuweisen sei, weil protestantische Ketzerei in welcher Disziplin auch immer niemals katholischer Wahrheit überlegen sein könne, weshalb diesem Kinde auch gegen den Willen seiner Eltern der rechte Glaube lehrhaft zugeteilt werden müsse. Auf der solchermaßen einzig möglichen Schule dann erfuhren ich und wir endlich drastisch, was es wirklich mit den Evangelischen und ihrem Glauben auf sich hatte.

Zunächst aber galt es für uns Buben, die Machtverhältnisse auszuhandeln, und wenn nicht auszuhandeln, eben auszuraufen. Mir kam dabei eine offenbar für die gleichaltrigen Kameraden ehrfurchtgebietende Kompaktheit zugute, denn ich habe mich in meiner Kindheit und Jugend vielleicht dreimal mit Kameraden prügeln müssen, dies auch nur eher beiläufig und aus meiner Sicht mit reduziertem Einsatz. Jedoch allein meine Parteinahme für eine Bande, Gruppe, Partei, Stadtregion oder Konfession verschaffte auf eine mir rätselhafte Weise den so Bedachten einen immensen Vorteil, galten sie doch von vornherein als übermächtig, wenn nicht unbesiegbar, sogar dann, wenn sie, mich eingeschlossen, in der krassen Minderheit lagen. Weiß der Himmel, ob Letzterer mich wahrhaftig mit solcher Körperkraft oder nur mit dem Anschein herkulischer Energie ausgestattet hatte, dass selbst meine Mutter, Pazifistin in der Seele, in der Familie, im Großen wie im Kleinen, mir schlichtweg verboten hatte, an Tätlichkeiten irgendeiner Art teilzunehmen. Ihr Argument schon für den Winzling, wörtlich in meiner Erinnerung: »Wenn du einmal zuschlägst, dann wächst da kein Gras mehr. Wenn du zuschlägst, dann gibt das ein großes Unglück, und dieses Unglück wird dich ein Leben lang verfolgen.« Ich habe in meinem Leben bisher nie wirklich zugeschlagen.

Auch nicht in späteren Jahren, als ich, verschlagen ins Ostwestfälische, nicht nur in einer völlig fremden Welt, sondern auch noch des Gymnasiums wegen, das sonst unerreichbar gewesen wäre, im Internat landete, wo die Jesuitenpatres ein Regime führten, das Handgreiflichkeiten im Grunde als unintellektuell, also als unserer nicht würdig ausschloss, was nicht heißen sollte, dass es nicht öfter einmal zu einem heftigeren Schlagabtausch kam, was in einer reinen Bubengemeinschaft wohl unvermeidlich scheint. Gleichwohl hatten es nicht wenige meiner Kameraden darauf abgesehen, mich, den Bananenneger aus den Hochalpen, jenen Untermenschen, der, wie am Tonfall vernehmlich, eine Untermenschensprache sprach, nur ganz sicher kein Deutsch, diesen Migrantenknilch, der gewiss nur zufällig und irrtümlich in der Zivilisation Ostwestfalens gelandet war, zu sekkieren und bis aufs Blut des geistigen Kreislaufs zu quälen, denn mich körperlich zu quälen, das wagten sie nicht, hielt sich erstaunlicherweise doch diese herkulische Ausstrahlung meiner Physis sogar über die gesamte Gymnasialzeit hinweg. Die Methoden meiner Widersacher, mich mit widerwärtigen Spitznamen und erfundenen, aber nicht weniger peinlichen Legenden, mit Hohn und Abscheu und Verachtung zu erniedrigen, waren ausgefeilt und durchaus wirkungsvoll.

Vielleicht hätte es damals geholfen, hätte ich manchen Anwurf einfach mit einer saftigen Tracht Prügel zu parieren vermocht. Ein Befreiungsschlag im buchstäblichen Sinne stand mir jedoch nicht zu Gebote, Mutters Warnung stets in der Seele, kein nichtwiedergutzumachendes Unglück anzurichten. Die Quälgeister wurden dieses meines Handicaps bald gewahr und trieben ihre sadistischen Verwünschungen in dem Vorwurf auf die Spitze, ich sei über alle meine untermenschlichen Eigenschaften auch noch ein Feigling – ein Vorwurf, der einem Sextaner in der Seele brennt wie nichts sonst auf dieser Welt. Den Sprösslingen meist betuchter Eltern des Ruhrgebiets fiel es unter ihresgleichen besonders leicht, mich als der menschlichen Zivilisation keineswegs teilhaftig auszugeben, weil ich ein armer Teufel war. Ihnen, die nach den Ferien immer komplett neu ausgestattet zur Internatsschule zurückkehrten, für die das Beste vom Besten in allen Erfordernissen des Alltags selbstverständlich war, galt als letzter Beweis meiner Nichtswürdigkeit, dass ich über nur zwei Hosen verfügte, deren eine zu tragen war, wenn die andere gewaschen wurde. Und zerriss ich einmal die eine und die andere war in der Wäsche, dann hatte ich mir tagelang mit der Sporttrainingshose zu behelfen, wofür ich mich in Grund und Boden schämte. Man wusste ja auch, dass ich einer jener Bettelstudenten war, die für ein verschwindendes Entgelt dieses angesehene, allerdings für seine Zeit durchaus erschwingliche Schulheim besuchen durften, weil selbst der bescheidene Internatspreis für unsere Familie nicht zu leisten war, was man von einem Bananenneger aus den Hochalpen ja auch nicht anders erwarten konnte.

Der Pater Generalpräfekt – ein Titel, der seinen Träger von sich aus schon zu einer übermenschlichen Autorität erhob – stand im Rufe, eine besondere Methode zu pflegen, um uns arme Schlucker zu finanzieren. Aus dem Baltikum stammend, sprach er Russisch, das er gerne einsetzte, wenn bestimmte Herren, die längst Wirtschaftsunternehmen des Ruhrgebiets steuerten, aber im Krieg Panzer oder ganze Armeen gen Osten befehligt hatten, nach Ablieferung ihrer Söhne noch ein wenig vom Krieg und seinen Abenteuern zu schwärmen hofften. Dann verschloss der Pater Generalpräfekt hinter ihnen die gepolsterte Bürotür, die, sonst immer offen stehend, ihm einen Überblick über die wesentlichen Sichtachsen des Internats bot, schloss ein weltbekannt geheimes Schränkchen auf, entnahm diesem die große Wodkaflasche, brachte den einen oder anderen russischen Trinkspruch oder Fluch aus, was den Wodkaappetit der Wirtschaftskapitäne beflügelte, so lange, bis der Pater Generalpräfekt diese von Kriegserlebnissen und Wodka betörten hohen Herren den Vertrag unterschreiben ließ, der die oftmals doppelte Summe des offiziellen Internatsgeldes für ihre Nachkommenschaft beinhaltete. Davon, so wusste man, lebten wir Hungerleider. Übrigens nicht nur wir, sondern auch die Söhne aus vermutlich hochmögenderen DDR-Familien, die allerdings mit ihrer Ost-Mark nichts zur schönen westdeutschen D-Mark-Welt beizutragen vermochten. Die Schulkameraden aus Leipzig, Karl-Marx-Stadt und Frankfurt an der Oder waren dann mit dem Mauerbau plötzlich aus unserer Schule verschwunden, als hätte es sie nie gegeben, was uns dieses politische Beben sehr konkret veranschaulichte. Deren Sächsisch übrigens führte erstaunlicherweise zu keinerlei Diskriminierungsimpulsen der Mitschüler.

Mit mir aber war es ein wahrhaft titanisches Ringen, das zwischen meinen Verfolgern und mir zu manchmal stundenlangen Wortgefechten hässlichster, ja obszöner Art führte. Nun hatte mir die Familie, namentlich Mutter, nicht nur diesen unüberwindlichen, enge Schranken setzenden Pazifismus, sondern auch noch einige Wortgewandtheit mitgegeben, die ich notgedrungen aufs Äußerste zu üben hatte, war dies doch das einzige Mittel einer wirksamen Gegenwehr. Die Sache gedieh zum kindlichen Kulturkampf, der in schiere Pogromstimmung eskalierte, als es die ersten Zeugnisse gab. Der Einzige nämlich, der die Note 1 in Deutsch bekommen hatte, war der Bananenneger aus den Hochalpen, der ja bekanntermaßen alles Mögliche nur nicht Deutsch sprach. Entsetzen lähmte für kurze Zeit sogar die Niedertracht meiner Verfolger, rief aber Eltern auf den Plan, die wahrhaftig die Lehrkräfte und den Rektor der Schule zur Rede zu stellen suchten, wie es kommen könne, dass ein Kind, das nach glaubhafter Aussage ihrer eigenen Söhne kein verständliches Deutsch beherrsche, so benotet werden könne, wohingegen der doch sehr sprachgewandte eigene Nachwuchs benachteiligt werde.

Der Pater Generalpräfekt hielt daraufhin eine Exhorte, die sich wie das Wort selbst vom Exorzismus herleitet und so viel wie ein allerheiligstes Donnerwetter in amtlicher Form bedeutete. Der Pater Generalpräfekt, dessen nur umwölkte Stirn schon tiefe Ängste in unseren Schülerseelen aufreißen konnte, herrschte die Kameraden an, dieses Kind da, und er wies auf mich, sei zweisprachig aufgewachsen, nämlich im Dialekt und in der Hochsprache, und verfüge deshalb über einen unendlich reicheren Wortschatz, größeren Formenreichtum und weit mehr grammatikalische Wendigkeit als sie, die tumben Westfalen, die immer nur lachten, wenn die Großeltern zu Hause Platt sprächen, statt mit ihnen zu reden und dabei zu lernen.

Kurz nach diesem Tiefschlag für die Widersacher, der mir Erleichterung und etwas Kräftigung meines ziemlich erschütterten Selbstbewusstseins brachte, kam der Tag der großen Wende. Zwei mir besonders übel gesonnene Gesellen suchten die offene Wortschlacht, um die alte Oberhoheit auf dem Felde der Beleidigungen und Diffamierungen zurückzugewinnen. Das Wortgetümmel, ausgetragen im Studiensaal zwischen den Pulten und verfolgt von der teils beklommenen, teils johlenden Meute der Kameraden, wogte vielleicht eine Dreiviertelstunde hin und her, bis beiden Widersachern urplötzlich jeder zynische Witz ausging, sie rot anliefen, vor Wut zu brüllen begannen und sich stühleschwingend auf mich werfen wollten.

Das war der Sieg. Ich, der ich nie prügeln durfte und konnte, hatte meine Todfeinde verbal so niedergerungen, dass ihnen die Worte ausgingen und sie nur noch Gewalt als Ausweg wussten. Kameraden warfen sich auf sie, verhinderten wirkliche Tätlichkeiten. Von da an war Schluss mit der Folter. Zumindest für mich. Die Mitschüler fanden keinen Spaß mehr an der auch für sie immer hässlicher anmutenden Auseinandersetzung. Ich freilich ließ die jungen Herren spüren, wer hier künftig das Sagen haben würde, und ich lernte so sehr konkret, was es heißt, die Wortführerschaft zu übernehmen. Aber daran, den Spieß nun quälerisch gänzlich umzudrehen, hatte ich keinen Spaß, was mir eingab, sie nur Verachtung spüren zu lassen und sie später endgültig mit Nichtachtung zu strafen, was Schule machte und ihnen mehr wehtat, als es jedes böse Wort hätte tun können.

Die Sache mit der Note 1 in Deutsch hat man übrigens folgendermaßen gelöst: Im Unterricht wurden gelegentlich kleine Texte ausgewählt, die ich ins Bayerische zu übersetzen hatte. So wandelte sich der Makel in eine Attraktion. Und der Bananenneger aus den Hochalpen löste sich allmählich im Dunst der Legende auf.

Zu Hause aber, im Urwald der Hochalpen, im Ort unter der Felsmauer des Karwendel, da war ich ein beliebter Bundesgenosse gewesen. Aufgrund meines nie wirklich auf die Probe gestellten, aber unerschütterlichen Rufes als weithin stärkstes Menschenkind meines Alters buhlten die Bubenfraktionen des Ortes um meine Teilnahme an ihrem jeweiligen Bündnis. Später schien mir in italienischen Städten der Palio, der durchaus ernste Wettstreit der Stadtquartiere, wie ein getreues Abbild der Rivalitäten unter uns Kindern, oder umgekehrt. Das Lauterseefeld gegen den Gries, der Obere Rain gegen den Unteren Rain, die Unteroffiziershäuser gegen den Untermarkt. War es Zufall oder eine gewisse

Prägung durch den Protestantendiskurs zu Hause, dass ich, der ich gerade eigentlich in der evangelischen Schule hätte eingeschult werden sollen, bei den ortsinternen Koalitionen oft und oft aufseiten der Unteroffiziershäuser oder des Unteren Rain landete, wo die Mehrheit Flüchtlinge und viele Protestanten waren?

Vielleicht hatte es auch damit zu tun, dass ich, wenn überhaupt, am ehesten mal bei diesen, den evangelischen Vertriebenen, nach Hause eingeladen wurde, was eine große Erleichterung war, weil ich damit die entsetzlich lange Mittagspause überbrücken konnte. Denn von Mittag bis zwei Uhr nachmittags war die Schule geschlossen, wir hatten aber fast immer vormittags und nachmittags Unterricht. Doch es wäre sinnlos gewesen, dazwischen die Fünfviertelstunden Fußweg nach Hause und zurück überhaupt anzutreten, weil die Zeit sowieso nicht gereicht hätte. Also mussten wir vom Schmalensee uns zwei Stunden im Ort herumtreiben, denn der wollene Hausmeister ließ sich auch auf des Lehrers Brummer Intervention hin keineswegs erweichen, auch zur Mittagspause wenigstens einen Klassenraum in der Schule als Aufenthaltsort offen zu halten. Die angestammte Handwerker- und Bauernschaft des Ortes bemitleidete die ärmlichen Kinder von den Buckelwiesen, knüpfte jedoch kaum nähere Kontakte und verwehrte den Schulkameraden nicht selten, uns auf Besuch mit heimzubringen. Da waren wenige Ausnahmen, etwa die alte Frau Pichler mit dem Milchladen am Obermarkt, die uns auf der Bank in ihrem Milchladen sitzen ließ und unsere bleierne Wartezeit mit einem riesigen Steingutbecher frischer Milch milderte. Später wurde sie sogar Firmpatin unserer Schwester Hildegard.

Oder ich durfte mich hinter dem Kachelofen in der Stube des wunderbaren, uns etwas verwunschen anmutenden Hauses der Niggls wärmen, in einer riesigen Stube mit nur einem großen Tisch und einer umlaufenden Bank, in der jedes Mal, wenn ich dort saß, die Schwester des Hausherrn den Boden schrubbte, wobei sie lauthals den Rosenkranz betete, alle Sorten und Stationen. Oder – das war eine Art Feiertag – wir hatten ein Zehnerl in der Tasche, zehn Pfennige, und konnten uns dafür im Gasthaus Stern, das einen mürrischen, aber mitleidigen Wirt hatte, an einen der blanken Tische setzen und einen Teller Suppe essen. Das war ein Sonderprivileg und Sonderpreis allein für uns Hungerleiderkinder vom Schmalensee. Oder wir tollten auch mal herum, oder ich wohnte den kriegerischen Auseinandersetzungen zwischen Lauterseefeld und Oberem Rain bei, die sich besonders häufig solche Mittagstermine und ein freies Feld in der Nähe des Bahnhofs für die Klärung ihrer Herrschaftsverhältnisse ausdachten. Wenn ich dazustieß, war oft völlig unklar, ob ich nicht doch als Kombattant und nicht als Zaungast erschienen war, was zu einem verfrühten Ende des Scharmützels führen konnte.

Sonst waren es oft elende Stunden des Herumdrückens, klamm und nass im Winter, und heute noch wundert mich, dass damals weder Schule noch Kirche noch Ortsgemeinde irgendeinen Impuls zeigten, für die stundenweise heimatlosen Kinder vom Schmalensee eine Zuflucht zu organisieren. Niemand entsinnt sich dessen, dass man auch nur einen Gedanken daran verschwendet hätte.

Allenfalls in den wenigen Tagen der Fasenacht waren uns diese lastenden Pausen recht. Da war die ganz große Mutprobe des Jahres fällig, der uns auszusetzen wir insgeheim fürchteten, worauf wir aber trotzdem brannten. Die Fasenacht war düster, geisterhaft, elektrisierend und hatte hierorts wenig zu tun mit dem, was sonst so unter dem Siegel Fasching an pappnasigen Harmlosigkeiten abgehandelt wurde. Sie war gekennzeichnet von der abgrundtiefen Humorlosigkeit der Obrigkeiten, die sich bei uns naturgemäß in Lehrerschaft und Geistlichkeit erschöpfte. Wenn also am rußigen Freitag, dem zweiten der großen Faschingstage, so manche unserer Schulkameraden sich mit wie beim Neger schwarz poliertem Gesicht in der Schule einfanden, erntete das beim Unterrichtspersonal meist so wenig Verständnis, dass es noch zusätzlich ein Eckestehen, eine Strafarbeit oder gar ein Nachsitzen bedeutete. Dabei konnten die nun wirklich nichts dafür. Denn der rußige Freitag war jener Tag, an dem es jedwedes weiße Antlitz schwarz zu färben galt, als Menetekel, wie nahe doch makellose Redlichkeit neben Laster und Verworfenheit beheimatet sei, was insbesondere die jungen Burschen einmal an den Mädchen, die Größeren an den Kleinen, die Stärkeren an den Schwächeren auszuleben pflegten. Man schabte also zu Hause aus dem Rauchfang oder dem Kamin Asche, Ruß und Kohlenstaub der Feuerstätten in ein Leinen- oder Rupfensäckchen, mit dem man sich, maskiert oder unmaskiert, auf der Straße jedem, der da arglos einherkam, listig annäherte, um ihm das Schwarz ins Gesicht zu schmieren. Das war ein großes Hallo, das war aber auch zorniges Geschrei, das war manch üble Rauferei, weil sich so mancher diese unerfreuliche Prozedur nicht gefallen lassen wollte und die Brauchregel keineswegs vorschrieb, dass die Opfer dieser kollektiven Einfärbung keine Gegenwehr leisten dürften. Der Peschke aus den Unteroffiziershäusern, ein schmächtiges Vertriebenenbürschlein, kam noch jedes Jahr wie mit Schuhwichse gewienert in die Schule, wo dann ein allerheiligstes Donnerwetter folgte, wie er es wage, so zum Unterricht zu erscheinen. Was früher wenigstens ein farbtechnisch erträgliches Malheur gewesen sein mochte, wurde allmählich zu einer widerwärtigen Prozedur, denn die Holzherde und Kamine wurden immer rarer, damit auch die klassischen Rußquellen, und so verlegten sich die Burschen darauf, aus den Koks- und Kohlefeuerungen, sogar den Ölheizkaminen den fetten schwarzen Film auszuschaben und der Mitwelt ins Gesicht und auf die Kleider zu schmieren. Wir rächten uns, wenn wir uns stark genug wähnten, indem wir mit den Fingern aus dem Auspuff der Autos, am liebsten der Lastwagen oder Traktoren, den fettigen Diesel- und Benzinruß herausstrichen und dem Gegner hinschmierten, wo wir ihn nur erwischten. So entartete eine ohnehin schon nicht überall wohlgelittene Fasenachtstraktur in eine wahrlich ekelhafte Schmierenschlacht, der zu entkommen der wichtigste Tagesordnungspunkt war, denn dieser stinkende Farbfilm war den ganzen Tag lang nicht mehr wegzubekommen, von manchem auf immer ruinierten Hemd gar nicht zu reden. Wir vom Schmalensee kannten die geheimsten Schleichwege, um den übelsten Schwärzlingen aus dem Wege zu gehen, kamen aber auch nicht immer ungeschoren davon.

Dabei waren wir am rußigen Freitag meist noch vom Stolz geschwellt, den wir am unsinnigen Pfinster, der ersten und heiligsten der Fasenächte, mit unseren Scharmützeln mit all den Kobolden der Gebirgsgeisterei errungen hatten. Die Schellenrührer waren imposant und, wiewohl harmlos, unheimlich, denn in Sonntagstracht, mit einer schönen, gänzlich ausdruckslosen Larve in eine Art Untote verwandelt und mit einem immergrünen Zweig in Händen, sprangen sie in langer Reihe in einem archaischen Rhythmus von einem Bein aufs andere, wobei ganze Bündel großer Kuhglocken, die sie an einem breiten Ledergurt auf dem Rücken trugen, im verhaltenen, mechanischen Sprung schepperten – sie also die Schellen rührten. So durchsprang diese scheppernde Schlange gemessen, aber scheinbar unaufhaltsam die Gassen des Ortes und umliegende Wiesen, umtanzt von einer Art dirigierenden Clownsgestalt – eine Prozedur von irritierender Schönheit, die noch an Schaurigkeit gewann, wenn sich der Schellenrührer lange Reihe durchs schneebestöberte Niemandsland bewegte, also nicht mehr zwischen den Häusern, einfach so, ohne Publikum, ohne johlende Maschkera, also Maskierte, die am unsinnigen Pfinster eigentlich sowieso nichts auf der Straße zu suchen hatten. Dieser Winteraustreibungs-, Naturerweckungsritus war alteingesessen, die Eltern hatten noch Bauern gekannt, die ganz alleine mit ihrem schweren Schellengurt ihre tief verschneite Flur und die kargen Äcker umsprangen, um so die Natur aus der Winterruhe zu locken und für eine auskömmliche Ernte später im Jahr zu sorgen.

Dann ging da noch der Fleckerlgeist um, der Waldschrat, der Bärenführer, der Moosmann, alles stumme Gestalten, die allenfalls Urlaute von sich gaben und mit rücksichtsloser Heftigkeit, so schrieb es der Brauch vor, durch die Gassen tobten. Mir fehlte eigentlich nur der Mä-ä-ä-Mann als das Urbild eines Unholds, von dem noch die Rede sein wird. Richtig mit der Angst zu tun bekamen wir es allerdings bei den Jacklschutzern. Der Jackl war eine lebensgroße Puppe, die von vier gesichtslosen Trachtlern mit hexenhaften Kopftüchern mit einem riesenhaften Sprungtuch in die Luft geschutzt, also in Himmelshöhen geschnellt wurde. Gut gelaunt fingen sie den Jackl wieder auf, schlecht gelaunt, ließen sie ihn aufs Pflaster oder in den Schnee platschen, dass man förmlich spürte, wie es einem die Knochen im Leibe brechen würde, was durchaus im Bereich des Möglichen schien, machten die Jacklschutzer doch deutlich, dass ihnen ein Bub, und sei er vom Schmalensee, zum Schutzen genauso recht wäre wie ihr ausgestopfter Jackl. Diese Kerle waren an Bedrohlichkeit nicht zu übertreffen, hatten doch die Schellenrührer, wenn auch wie außermenschlich von völlig regloser Mimik, immerhin ein menschenähnlich geschnitztes Antlitz, die Jacklschutzer aber hatten da, wo der Mensch ein Gesicht hat, nur ein Pferdenetz, also solch einen grob gehäkelten Vorhang, wie man ihn den Brauereirössern an Feiertagen über Haupt und Ohren zog. Diese Gesichtslosigkeit und ihr gurgelndes Grollen machte die Jacklschutzer zu den wahrhaft gefürchteten Unholden der Fasenacht, denen sich im Schneetreiben entgegenzuwerfen zu den Mutproben kurz vor dem Ritterschlag zählte. So mancher von uns wurde auch erwischt und tatsächlich geschutzt, was meist, aber nicht immer glimpflich abging, worauf die Geistlichkeit, die sowieso all diesem heidnischen Treiben mit sakramentaler Abneigung gegenüberstand, feierlich verbot, sich an Kindern zum Schutzen zu vergreifen. Mir übrigens blieb solch eine Prüfung erspart, war ich trotz meiner stets rundlichen Verfassung ein doch auch ziemlich flinkes Bürschchen.

Die Fasenacht, das war mir immer klar, war das Einzige rundum, was nicht bis in die Wolle katholisch war, das aber schon seit sehr langer Zeit. Die Geistlichkeit hatte neuerdings nämlich ganz andere Sorgen. Kaum waren wir schulpflichtig geworden und trabten Tag für Tag unsere Meilen von den Buckelwiesen in die Schule, da trat der Benefiziat mit einer alttestamentarischen Warnung vor uns Kinder. Der Benefiziat war neben dem Pfarrer und dem Kaplan der dritte Ortspriester, er war nicht in die Gemeindedisziplin eingebunden, saß er doch auf einem uralten Benefizium, also einer Stiftung, deren Einkünfte seit Jahrhunderten der Anstellung eines Seelsorgers für die vielen Rompilger diente, die früher im Ort vorbeigekommen waren und im sogenannten Pilgerhaus Quartier genommen hatten. Pilger gab es schon lange kaum mehr, aber das Benefizium gab es noch, das im

Rufe stand, zumeist Geistlichen als Heimstatt und Auskommen zu dienen, die in der normalen Seelsorge keine so überzeugende Rolle gespielt hatten, dass man ihnen eine offizielle Kaplanstelle oder gar eine ganze Pfarrei hätte anvertrauen wollen. Bei den Bauern aber war der Benefiziat beliebt, denn er tobte auf der Kanzel herum und brüllte bei der Predigt wie ein Ochs, dass man wirklich glauben mochte, dass Gott jede Sünde aufs Fürchterlichste strafen und die Bösen dort in die Hölle stecken werde, wo sie am tiefsten und am heißesten ist. Darauf, also ordentlich ausgeschimpft zu werden, glaubten die Bauern ein gutes Anrecht zu haben, zahlten sie doch ein beträchtliches Kirchengeld, das eine lebhafte Ausmalung des Höllenfeuers schon wert sein sollte, eine robuste Art der Seelsorge, zu der sich der eher ätherisch angehauchte Herr Pfarrer weder veranlasst noch befähigt sah.

Der Herr Benefiziat also, der bei uns den Religionsunterricht bestritt, baute sich vor den Erstklässlern auf und bemitleidete erst einmal alle, namentlich die vom Schmalensee, für die Gefahren, die ihnen auf dem alltäglichen Schulweg dräuten, denn sie alle, allen voran die vom Schmalensee, müssten ja mindestens zweimal täglich an dem Hause des Teufels vorbei. Es sei ja noch nicht so lange her, dass man ein Haus des Teufels hier im Ort habe bauen lassen, allen Protesten der Rechtgläubigen zum Trotz.

Es dauerte eine Weile, bis wir begriffen, dass es sich beim Haus des Teufels um die evangelische Kirche handeln musste, für die den heiligen Begriff Kirche der Benefiziat niemals über die Lippen gebracht hätte. Und dann gab es für uns Winzlinge Klartext: Wer von uns dieses Haus des Teufels je beträte, der würde unweigerlich in die Hölle kommen. Wer aber das Haus des Teufels beträte, und das Unglück wollte es so, dass just in diesem Augenblick eine Teufelsmesse gehalten würde, der würde sofort, ja, sofort in die Hölle fahren. Ich fürchtete mich gründlich, bekam die Sache naturgemäß zu Hause als ketzerischen Humbug aufgeklärt, dennoch musste ich sechzehn Jahre alt werden, um überhaupt bei einem Besuch im Ort lange nach unserem Wegzug den Antrieb zu verspüren, die evangelische Kirche zu betreten und zu besichtigen. Unsere Schwester Hildegard hatte dieser obersten Glaubensunterweisung zwar nicht beigewohnt, doch auch sie trug lange die Überzeugung mit sich herum, würde sie je die Tür zur evangelischen Kirche öffnen, dann würde im selben Augenblick der Teufel hinter dem Altar hervorspitzen, auf sie deuten und rufen: »Jetza hob i di!« Dass der Teufel Bayerisch spräche, daran gab es keinen Zweifel, obwohl seine vermeintlichen Anhänger das durchwegs nicht taten. Dennoch tat sich die beherzte Hildegard mit Schul- und anderen Freundinnen zusammen, um der Sache, koste es auch das ewige Leben, auf den Grund zu gehen: Sie versammelten allen Mut, schritten zur Tat, und siehe, die evangelische Kirche war verschlossen. So musste Hildegard ihre Höllenfahrt nicht verfrüht antreten.

Irgendwie hatte der Benefiziat recht, war doch, weit über Christmette und Osternacht hinaus, der Ort derart katholisch durchwirkt, heimat- und identitätsstiftend, alternativlos sozusagen. Katholisch sein, das hieß ein ganzer Kerl zu sein. Um etwa die gewaltigen Fahnen zu tragen, die das ganze Jahr in der Kirche hoch aufragten, die man zu Fronleichnam aus der Kirche brachte, und die wieder in senkrechte Stellung zu bringen einen spektakulären Kraftakt darstellte, den zu vollbringen einiges Katholischsein voraussetzte. Diese Fahnen hingen an meterhohen dicken Stangen, großflächig mit Brokat mit den Legenden des Heiligenlebens bestickt, waren für sich schon ungemein schwer und ungemein hoch, weshalb sie nur zweimal im

Jahr, nämlich nur zu Fronleichnam selbst und zur Prozession am Sonntag danach durch den Ort getragen wurden. Sie zu tragen, da brauchte es wahre Kraftlackel. Einer trug die wuchtige Stange mit dem frommen Tuch und einer hielt den Träger hinten am Gürtel, um ihm Stütze und Hilfe zu sein, käme der Träger durch Wind oder Stolpern in labile Lage. Der Träger selbst hatte keinerlei Köcher oder Futteral, in das er die schweren Feldzeichen der Frömmigkeit hätte einstellen können, er musste sie mit bloßen Fäusten packen und tragen. Zuvor aber musste man sie wieder hinauf bekommen ins Himmelblau. Der Begleiter umwickelte den Pylon an der Spitze mit dem Tuch und warf es dann mit aller Kraft in den Himmel, während der Träger auf ihn zuspurtete, also die Fahnenstange unterlief, um so das Ding in die Senkrechte zu bekommen. Das waren waghalsige Vorstellungen, die nicht immer auf Anhieb gelangen. Und was für ein drolliges, lästerliches Theater, wenn sich in lichter Höhe die Troddeln der Fahne mit ihren Kordeln in den Drähten von Strom oder Telefon verhedderten, die zu entwirren wiederum ein Kunststück erforderte, gewürzt mit saftigen Flüchen trotz des allerheiligsten Anlasses und umrahmt von den Flüchen derer, die wegen dieses Fronleichnamsmanövers zumindest für die Zeit der Prozession ohne Strom auskommen mussten, weil der dann abgeschaltet wurde.

Mir gefiel das, wie anderen Kindern der Zirkus gefällt, den ich nie mochte, den ich sogar fürchtete, weil mir die Tiere so leidtaten, die da lauter Dinge tun mussten, die sie nicht tun mochten, gerade deshalb gefiel mir die fromme Fahnenakrobatik wie eine artistische Einlage der Menschen selbst. Was daran fromm oder gar gottesfürchtig sein sollte, erschloss sich mir nicht, auch wenn die alle in ihren prachtvollen Dirndln einherschreitenden Frauen dazu einen Rosenkranz nach dem anderen und ein Gegrüßet seist du, Maria nach dem anderen ausschütteten, was einen undurchdringlichen Gebetsschotter ergab, der so dicht und mitreißend war wie der Kalkschotter in den Karen des Karwendel, auf dem man so schön bei den Bergtouren abfahren konnte. Das hatte ich schon einige Male an der sicheren Hand des Vaters erfahren, und so wusste ich, dass man der Schotterlawine, die man da lostrat, um auf ihr zu Tal zu fahren, nicht entkommen konnte, dass man gleichsam auf ihr surfen musste, bis sie sich am Ende des Kars im festen Grund verlief. Der Versuch, mittendrin abzubremsen, hätte unweigerlich den Sturz und schwerste Blessuren nach sich gezogen, war also unmöglich. So kam mir das auch mit dem Rosenkranz und dem Gegrüßet seist du, Maria vor, da gab es kein Entrinnen, der gemurmelten Lawine zu ent- oder gegen sie anzukommen, das, so wusste ich, konnte niemand wagen, war grundsätzlich unmöglich, warum auch.

So waren die ehernen Zeremonien des Isarkatholizismus, der nicht einmal darunter litt, dass man im Wappen einen Mohren hatte, denn der kam vom Wappen der Herrschaft des freisingischen Erzbischofs über das Werdenfelser Land, dem man Jahrhunderte untertan gewesen war und keineswegs der bayerischen Krone, worauf manche Leute undurchsichtigerweise besonders stolz waren.

Dass also offensichtlich ein Heide dem Ort und auch der geistlichen Oberhoheit als Wappenknecht diente, verwunderte zwar, verstörte irgendwie aber niemanden, waren doch Geister und Larven und Kobolde und Gespenster im ganzen Brauchtumsjahreslauf gegenwärtig, da kam es auf einen wenn auch recht prominenten Heiden nicht weiter an. Ganz andere Dinge aber pflanzten mir schon früh, zu früh ernste Zweifel ins Herz, was es denn mit dem rechten Glauben auf sich habe, Zweifel, die die seltsam banal anmutende Anwesenheit des Teufels in der evangelischen Kirche theologisch weit in den Schatten stellten.

Dass Katholischsein hierorts Lebensgrundlage und damit unausweichlich war, sah man schon an den Geigen und Bratschen und Celli, die man im Ort baute und die zu bauen den Ort vor Jahrhunderten gerettet hatte in schwerer Zeit, ja, dass es den Ort wahrscheinlich gar nicht mehr gäbe, wäre man nicht auf die Idee gekommen, Musikinstrumente zu bauen, ohne die alles Leben und alle Wohlfahrt wahrscheinlich die Isar hinuntergeschwommen wäre. Nicht nur gerettet, sondern auch mit einigem Wohlstand und mit gewisser Berühmtheit gesegnet. All diese Instrumente hatten einen runden Rücken und ein barockes Bäuchlein, hatten geschwungene Zargen und eingedrehte Schneckenköpfe, gaben sich also ganz genau so katholisch wie all die Heiligen und Engel und Girlanden und Fahnen in der Kirche und den Kapellen ringsum.

Es hätte mich nicht gewundert, hätte man die Musikinstrumentenbauer aus dem Sudetenland, die als Flüchtlinge ankamen, eilig und zum eigenen späteren Schaden deshalb wieder vertrieben, weil sie naturgemäß überwiegend evangelisch waren – die Fremden und alles Fremde waren immer irgendwie evangelisch oder gottlos, denn man konnte denen nicht zutrauen, dass sie wirklich katholische Geigen hätten bauen können, so katholisch, dass man das sofort in Form und Klang hätte begreifen können, was ein Wesenszug dieser Geigen gewesen sein muss. Evangelische Geigen? Wie sollte das klingen?

Hatte man je davon gehört, dass ein Evangelischer der Hausmeister des Tonholzstadels hinter der Geigenbauschule hätte sein dürfen? Selbst die Gebirgsluft schien von Natur aus rechtgläubig, die Tage, Monate, Jahre und Jahrzehnte durch diesen geheimnisvollen Bau strich, um die Scheite von Fichte und Ahorn, aus denen Böden, Decken, Zargen, Hälse von Geigen, Bratschen und Celli werden sollten, so reifen zu lassen, wie es ein Meisterinstrument erforderte. Der Tonholzstadel, dieser schwarzbraune, sonderbar konstruierte Holzbau, war für mich ein unergründliches, geliebtes Mysterium. Hinter vielen, vielen Fenstern sah man nie Menschen, sondern immer nur Regale mit Holz, Holz, das unendliche Stille und Ruhe brauchte, um irgendwann einmal wirklich laut werden zu können, das Jahre und Jahrzehnte trockener werden musste, um dermaleinst klangvoll schwingen zu können. Die Vorstellung, dass da etwas heranwachse, was aber keineswegs an Größe oder Gewicht oder sonst einer Dimension zulegte, außer der Dimension des Klanges, die man nicht sehen, nicht vermessen konnte, das faszinierte mich. Ganz selten durfte man dabei sein, wenn jemand diesen Tempel betrat und ein Scheit aussuchte, es betrachtete und beroch, es beklopfte und behorchte, es zurücklegte oder auserwählte. Und damit es zu dieser Auserwähltheit kommen konnte, bedurfte es der ewigen Reife, für die die klare Gebirgsluft, wie man uns einbläute, von entscheidender Bedeutung sei, sodass an diesem wunderbaren Bau nie alle Fenster geschlossen wurden, sondern immer einige an strategisch wechselnden, wohl entscheidend auszuwählenden Ecken und Flanken geöffnet wurden, um die Luftströme zu leiten. Allein das stumme Ballett der sich immer wetterbedingt wechselnd wie von Geisterhand schließenden oder kippenden Fenster kam mir schon vor wie Musik, unerhört und wunderbar.

Und katholisch natürlich. Wer wüsste eine katholischere Figur als einen Violinschlüssel? Doch Symbole sind nicht alles, lernten wir bald, denn es half dem Bäcker Zunterer gar nichts, dass er aus wunderbarem Mandelteig, aus dem die anderen süße Brezen buken, noch süßere Violinschlüssel buk, die vornehmlich den Touristen besonders gut schmeckten. Irgendwann ist er pleitegegangen, obwohl alteingesessen und beliebt wegen seines Brotes und weithin bekannt wegen seiner süßen Leckereien. Der Bäcker Zunterer, der in Wahrheit ein Konditor war, ein Kondieter, wie ich immer verstand, was rätselhaft mit dem Namen meines Bruders Dieter zu tun haben musste, ein fescher Bursche und eine besonders gute Partie schon wegen des prominenten Standortes seines Geschäfts am Obermarkt, hatte es gewagt, sich eine Evangelische zur Frau zu nehmen. Nicht, dass man ihn dessentwegen offen angefeindet hätte; nicht, dass man sich verschworen hätte gegen ihn; nicht, dass man gar einen Boykott organisiert hätte, aber so eine Sittenlosigkeit, so eine Regelwidrigkeit in einer besonders traditionsreichen Familie brachte die Rechtgläubigen des Ortes peu à peu so auf Distanz, dass die Geschäfte des Bäckers Zunterer, der ja nicht das ganze Jahr nur von den Touristen leben konnte, allmählich einfach versiegten und das ehrwürdige Familienunternehmen im Konkurs endete.

Mutter, die gewöhnlich dem Gesellschaftsleben des Ortes kein, und wenn doch, nur geringes

Interesse widmete, empörte sich vernehmlich über die zähe, klebrige Verachtung, mit der man doch eigentlich geachteten Mitmenschen zu zeigen wusste, wo Gott wohnt. Dabei war es Mutter, die mich mit ihrem überschwänglichen Lob für meinen Namenspatron in erste Glaubenszweifel stürzte: Was das für ein großer Held sei, der heilige Michael, und dass man ihn, den Anführer der himmlischen Heerscharen, deshalb just für mich als Schutzgeist und Vorbild ausgewählt habe. Nicht nur, dass da bei dem streitbaren Himmelssoldaten eine Diskrepanz zu Mutters grundsätzlichem Pazifismus mitschwang. Sie konterte das, sein eigentliches Amt sei doch durch die Waage in einer Hand angezeigt, um die guten und die bösen Taten der Seelen gegeneinander abzuwägen.

Ausgerechnet der Benefiziat, der so katholisch sein konnte, dass selbst den frömmsten Katholiken manchmal die Luft wegblieb, versetzte meinem Bilde von dem heldenhaften Patron einen erheblichen Schlag. Natürlich sei der heilige Michael eine der wunderbarsten und mächtigsten und auch schönsten Gestalten des Universums und der ganzen Schöpfung, so dozierte er. Aber in Wahrheit sei er gar kein echter Heiliger. Er sei ja der Erzengel Michael, also einer der ganz großen Geister vor dem Thron des Allerhöchsten. Aber ein anständiger bayerischer Christenmensch brauche als Patron auch – und er betonte »auch« – einen ganz echten, normalen Heiligen, also einen einstmaligen Menschen, was ein Erzengel nie und nimmer war. Ob ich denn einen zweiten Vornamen hätte? Josef? Und schon hatte er den Erzengel Michael am Schlafittchen, dass der nämlich mit all seiner Macht und Herrlichkeit nicht eigentlich mächtig und herrlich genug sei, allein und unangefochten als Namens- und Schutzpatron für mich zu wirken, weshalb der eher unscheinbare Heilige Josef, der stille Dulder und Kärrner des Heiligenhimmels, beigezogen worden musste, um aus mir einen rechten Christen zu machen.

Dies traf sich mit einem anderen befremdlichen Faktum. In der Familie wurde wie in vielen Gegenden Bayerns der Namenstag der Kinder gewöhnlich wichtiger genommen als der Geburtstag.

Der Geburtstag wurde zwar mit Geschenken garniert, der Namenstag aber brillierte mit bedeutsamen Erörterungen um Verdienste und Fähigkeiten, die der Patron nach Möglichkeit seinem Schützling übertragen und als Rüstzeug fürs Leben mitgeben könne. So genoss meine Schwester Hildegard schon deshalb bei mir besonderen Respekt, weil ihre Patronin als eine Mystikerin und für ihre Zeit, das frühe Mittelalter, besonders starke Frau eben auch bei unserer Mutter besonderen Respekt genoss, zumal sie über ihre spirituelle Dimension hinaus auch noch reichlich gute Ratschläge für Ernährung und Gesundheit bereithielt, die in einer so großen Familie immer nötig und willkommen waren.

»Was hast du gegen Hildegard von Bingen?«, fragte mich Mutter Jahrzehnte später mit großen, vorwurfsvollen wasserblauen Augen. So war ihre Reaktion darauf, dass mir spät, sehr spät das Wehen des Zeitgeists in unsere Familie aufgegangen war und ich die goldene Hochzeit der Eltern zum Anlass nahm, sie zu fragen, ob sie sich dessen selbst bewusst geworden wären. Als Buckelwiesener Bub war mir schon aufgefallen, dass wir nicht Leo(nhard), Sepp, Hias, Luggi oder Max(imilian) hießen wie die anderen Buben, und die Mädchen nicht Liesl, Zenzi, Sophie, Josefa, Leni gerufen wurden wie die Kinder rundum. Wir acht Geschwister ließen uns bequem einteilen in ein Vornazizeitkind namens Maria, in mich als einziges Nachnazizeitkind namens Michael und in die Nazizeitkinder Walburg, Barbara, Reinhard, Gertrud, Hildegard, Dieter. Die Nazistandesbeamten müssen frohlockt haben angesichts der linientreuen Namensgebung in der Familie, angesichts der germanischen Recken und hehren teutonischen Damen, die da als Patrone verewigt wurden, dabei war bei den festtäglichen Tischgesprächen oft und oft die Rede von den immens heiligen Namensgebern, deren theologische Wucht ihresgleichen suchte, von deren herrenrassischer Prominenz niemals die Rede war. Irgendwann selbst erwachsen, mochte man sich zusammenreimen, wie der Zeitgeist eben auch unsere Familie imprägniert haben muss, ob in reiner naiver Unschuld, ob spekulativ, wer weiß.

Aus ebenjenen Tischgesprächen meine ich auch noch jene empörten Dispute nachhallen zu hören, in denen durchaus Für und Wider des Nationalsozialismus anklangen, im Lichte der Nachkriegsaufklärung naturgemäß das Wider markanter betonend, aber auch aufklärend insofern, weshalb die Eltern trotz ihrer jugendbewegten Neigungen doch nicht mit wehenden Fahnen übergelaufen sind. Denn jedwede argumentative Annäherung an diese Schreckensidee scheiterte irgendwann an der tiefgründigsten Klippe, die Mutters und Vaters Kennenlerngruppe des Quickborn in ihren Seelen errichtet hatte: Vor Gott, so wussten sie, sind alle Menschen gleich. Und genau das, das wussten sie ebenso gut, war den Nazi gar nicht recht. Und deshalb waren ihnen die Nazi nicht recht. Gleichwohl war den Eltern ihre namensgebende Stromlinienform jenen gegenüber nie selbst aufgegangen.

An meinem Namenstag wurde in der Familie und auch in der Kirche stets ein besonderes Lied zu Ehren meines Patrons gesungen, dessen Heldentaten verherrlichend, dessen entscheidender, in jeder Strophe wiederkehrende Refrain aber lautete: Hilf uns hie kämpfen, die Feinde dämpfen, Sankt Michael! Wie das?

Ich wusste sehr wohl, was es hieß, etwas zu dämpfen. Da war einmal diese Küchenmethode, Kartoffeln und Gemüse über Dampf zu garen, obwohl als gesund gepriesen ein von unserer Mutter selten genutztes Verfahren. Und dann gab es da noch die Methode, besondere Wäschestücke zu dämpfen, indem man entweder zwischen das Wäschestück und das Bügeleisen ein wassergetränktes Tuch legte, über das dann unter heftigem Zischen das heiße Eisen glitt; oder dass in moderneren Haushalten als unserem ein sogenanntes Dampfbügeleisen mit einem Wassertank in den Innereien mit nicht geringerem Fauchen und viel Dampf der Wäsche zu Leibe rückte. Da nun einmal in der Kirche die Wahrheit verkündet wird, erbitterte es mich, dass ich mir meinen großmächtigen Patron so vorstellen sollte, wie er die himmlischen Heerscharen mit fauchendem Bügeleisen in der Hand gegen die Mächte der Finsternis führen sollte, selbst wenn auch erfolgreich. Bei aller Einsicht, dass ein Christenmensch sowieso nicht verstehen könne, worum es im Glauben und in der Kirche gehe, weil das Lateinisch und zudem Sache des Pfarrers, des Papstes und all der anderen meist reichlich zu dicken Männer in der Kirche war, verstieß die Vorstellung von meinem Erzengel als bügeleisenschwingendem Feindedämpfer entschieden gegen jedes Verständnis und gegen meinen Stolz.

Theologisch waren wir Kinder sonst aber auf der Höhe, wir wussten nämlich ganz genau, dass diese immer beträchtlich zu fetten Kerle, die bei feierlichen Anlässen rudelweise in goldenen Gewändern den Altar umstanden und in Prozessionen gravitätisch einherschritten, ihrer kolossalen Gestalt wegen die Kolosser sein mussten, an die der Apostel Paulus einige oft zitierte, sehr unfreundliche Briefe geschrieben hatte. Ich aber beneidete sie um den vielen Weihrauch, mit dem sie stets aufs Köstlichste umwölkt wurden.

Auch Gott selbst zog wie sein Erzengel meinen Argwohn auf sich. In der Kirche, im Religionsunterricht, unter den Leuten, im Tischgebet, immer war vom Schöpfergott die Rede. Im Tischgebet schien mir das noch am ehesten einleuchtend, denn da bekamen wir ja Dinge aus Mutters Töpfen geschöpft, die uns, zumindest der Behauptung nach, der Schöpfergott aufgetischt hatte, aber musste Gott deshalb über Himmel und Erde in Gestalt eines Schöpfers, also eines Schöpflöffels, herrschen? Ich kannte nun mal den Schöpfer nur in Gestalt dieses Geräts, mit dem man Suppe und andere nahrhafte Dinge austeilte, und so wagte ich nicht nachzufragen, denn es hätte ja als Lästerung ausgelegt werden können, als Zweifel an der Allmacht des Schöpfers selbst, zweifelte man an seiner Schöpflöffelgestalt. Vielleicht, so meine theologischen Grübeleien, sei es ja ein Zeichen besonders innigen Glaubens, Gott trotz dieser lächerlichen Figur für den Schöpfer aller Dinge zu halten. Ganz ausgeräumt wurden diese meine Zweifel nie, zumal die Sache mit dem alten Mann mit Bart im Himmel schon in meiner frühesten Erinnerung von der Familie als Kinder- und Kitschglauben erledigt worden war. Geblieben ist mir der Verdacht, dass jedem Schöpflöffel, dem so wunderbare Dinge wie Suppe und Eintopf und Blaukraut und rote Grütze entströmen, seinerseits etwas Göttliches innewohnen müsse.

Dass Gott gerecht sei, das glaubte ich schon gar nicht, das wusste ich besser. Das Kind, das ich war, ließ sich von vielerlei Bibelgeschichten erstaunen, aber wahrhaft erschüttert wurde es durch die Mordsache zwischen Kain und Abel. Dies nicht nur, weil ich alle meine sieben Geschwister, auch wenn ich die ältesten kaum kannte, herzlich zu lieben glaubte, und mir folglich eine Mordgeschichte unter Geschwistern gänzlich unglaubwürdig vorkam. Im Katechismus war ja dieses frühbiblische Drama mit allen Details beschrieben und auch dargestellt. Da stand also geschrieben, dass das Brandopfer des Hirten Abel Gott wohlgefällig war, das des Ackerbauern Kain aber nicht, dazu gab es diese eindeutigen Bilder, auf denen man sieht, wie sich der Rauch des Abel'schen Brandopfers blütenweiß und senkrecht in den Himmel erhebt, während sich der Qualm des Kain'schen Brandopfers verrußt und – man glaubt es förmlich zu riechen – stinkend über die niedere Flur dahinwälzt, vom beseligten Himmelsblick des Abel und dem tückischen Zornesauge des Kain gar nicht zu reden. Warum aber war Gott das Opfer des Abel wohlgefällig, das des Kain aber nicht? Kein Wort darüber in der Bibel, kein Bild davon im Katechismus, Gott also zürnte dem Kain einfach so, grundlos, aus einer Laune heraus, und zog ihm den Abel vor, ohne ein ersichtliches Motiv dafür vorbringen zu können – eine Reaktionsweise, wie sie das Kind einer Großfamilie zutiefst verstören muss, deren sämtliche Mitglieder stets auf nichts mehr erpicht sind, als nur ja nicht zu wenig von Zuwendung und Anerkennung der Eltern, also auch irgendwie vom lieben Gott zu erhaschen. Und es hätte im frommen Umkreis meines Kinderglaubens wenigstens des Plädoyers um mildernde Umstände für Kain bedurft, um mir für Gott wenigstens ein Minimum des Zutrauens abzuringen, wie ich es meinen Eltern gegenüber hegte. So pflanzte sich eine wütende, heute würde man sagen fundamentalistische, Sehnsucht nach Gerechtigkeit in die Kinderseele. Die Sache gilt mir übrigens bis heute in einer verstörenden Weise als ungeklärt.

Gerechtigkeitssinn war wohl mit dabei im Spiel, dass ich mich mit Grandi befreundete. Natürlich hatte Grandi einen Vornamen, aber wie so oft in eher dörflichen Verhältnissen benannten auch wir Kinder einander damals eher nach dem Haus- oder dem Nachnamen. Grandi, so hieß es, stank. Ich roch nichts. Ging der Bub auf der Straße vorbei, hieß es beiläufig: Der stinkt. Ich roch nichts. In der Schule gab es Tage, da weigerten sich die näher sitzenden Kameraden, Platz zu nehmen: Grandi stinkt. Ich roch nichts. Auch dem Oberlehrer Brummer wurde die Sache zu anrüchig. Er erhob sich feierlich von seinem Pult, schritt in seinem weißen Kittel, den er immer für den Unterricht überstreifte, zu Grandis Platz, beroch den Buben von oben bis unten, beroch seinen Schulranzen, beroch die unmittelbare Umgebung, sogar die Schulbücher auf dem Tisch. Diese Zeremonie des Beriechens hatte einen besonderen Charakter wegen der überaus markanten Nase an dem mächtigen, beinahe kahlen, runden Schädel des Oberlehrers Brummer. Die riesigen ovalen Nasenlöcher, die geradezu geschaffen schienen für so eine Prozedur, waren gefüllt mit dicken Büscheln grauer gelockter Haare, die auf mich keineswegs unappetitlich, sondern eher würdevoll wirkten, wie die feierlichen Insignien eines absolut unfehlbaren Riechorgans. Der Herr Oberlehrer ließ sich Zeit mit der Prozedur, um dann in für die anderen drohendem Unterton das Urteil zu fällen: Grandi stinkt nicht.

Es half nichts. Grandi blieb der Stinker. Ich roch nichts. Er lud mich zu sich nach Hause ein. Ich staunte. Er briet uns mit seinen sieben Jahren

Bratkartoffeln, wie ich sie innig liebte, und schlug ein paar Ochsenaugen in die Pfanne. Dann gab es süße Violinschlüssel vom Zunterer. Danach spielten wir auf dem Balkon dieser Mansardenwohnung, einer Loggia, so wie sie nur die wenigen bürgerlichen Häuser hatten. Zwei Zimmer hätten sie, sagte Grandi, und die Küche. Dann versuchten wir mit dem Technikbaukasten, den Grandi hatte, den Fieseler Storch nachzubauen, der Tage zuvor zu unserem Gaudium einen halben Tag über dem Ort gekreist war. Grandi hatte viel Geduld mit mir. Ich tat ihm offenbar ein wenig leid, denn ich war mit seinem sehr modernen Technikbaukasten aus lauter Ungeschick genauso überfordert, wie ich mit dem viel älteren Trix-Baukasten meines Bruders Dieter ungeschickt umging, der mit diesen Eisenelementen alles nachbauen konnte, nicht nur das, was eisern war, sogar den Eiffelturm, hauptsächlich aber Lastautos, deren Qualität von der Anzahl der Achsen abhing, die so ein Laster haben konnte, je schwerer, umso mehr. Grandi hatte den Rumpf des Fieseler Storches schon angefangen, und nun brachten wir es zum ersten Flügel, zur ersten Tragfläche, was heißt, er baute geschickt alles zusammen, und ich kommentierte das Ganze gravitätisch, brachten doch Versuche, in den Herstellungsprozess von Hand einzugreifen, nur Chaos und Unordnung.

Eine solche Ordnung und Sauberkeit wie hier, das hatte ich noch nie gesehen. Wir saßen ja auf dem Boden, und hier draußen in der Loggia und in der Küche und in dem kleinen Flur blitzte alles nur so und nichts lag herum, und nichts schien am falschen Platz, und alles gehorchte Grandi offenbar wie auf Befehl, die Haushaltsgeräte, die Küchengeräte, das Spielgerät, das Putzgerät am Schluss, als er dort, wo wir gesessen und herumgeschraubt hatten, schnell noch alles aufkehrte, was ich an allfälligem Schmutz gar nicht erkennen konnte.

Ich habe selten bei meiner Mutter Rat geholt. Erst recht hätte ich jetzt eine gewisse Scheu haben sollen, denn ich habe unser Zuhause in der Baracke über dem Schmalensee niemals so sauber und so aufgeräumt gesehen wie die Wohnung des Grandi. Wie sauber und wie aufgeräumt das bei dem war, ist an der Aufmerksamkeit zu messen, die kleine Kinder solchen Dingen gewöhnlich entgegenbringen. Keine nämlich. Und mir war das dennoch als so außerordentlich aufgefallen, dass ich das Ganze meiner Mutter erzählt und gefragt habe, warum die Leute sagen, der Grandi stinkt, wo der doch der Sauberste ist, den es auf der ganzen Welt gibt, weil nicht einmal die Stube der Familie Niggl, wo ich hinter dem Ofen sitzend die Schwester des Hausherrn immer Rosenkranz beten gehört und dabei die Stube schrubben gesehen habe, so sauber gewesen ist und auch nicht einmal die Wohnstuben der protestantischen Flüchtlinge, deren Sauberkeitswahn ein ganz typisch evangelischer Tick sei, wie uns der Benefiziat erklärt hatte.

Mir schien es, als sähe meine Mutter traurig aus, als ich ihr das alles erzählte. Denn Mutter las gerne die letzte Stunde des Tages, die sowieso meist nach Mitternacht lag, die las sie ihre geliebten Bücher und ließ Haushalt, Wohnung, Kinder und Mann sein, wie und wo sie waren. Denn diese letzte gelesene Stunde des Tages, die vielleicht einige Ordnung und Säuberlichkeit ins Haus hätte bringen können, war das einzige Elixier gegen Mutters totale Erschöpfung, gegen ihre Verzweiflung vor der Last der Großfamilie, gegen ihre Kapitulation vor der immerwährenden Not.

Katzenwäsche war bei uns normal, höchstens einmal im Monat wurde der Kohlenbadeofen angeworfen, der gerade für eine Wanne voll warmen Wassers reichte, die dann für alle Kinder zu reichen hatte. Es konnte vorkommen, dass etwas umgeräumt werden musste, also dem normalen

Chaos noch Umräumchaos übergestülpt wurde, und ich irgendwo im Gerümpel einschlief, ohne dass mich jemand vermisste und ich so bis zum anderen Morgen in meinen Kleidern schlief und gerade rechtzeitig aufwachte, um ohne Morgenwäsche und ohne gewechselte Klamotten in die Schule aufzubrechen. Außerdem kamen wir ja auch allzu oft nach langem Weg reichlich verschwitzt in der Schule an. Wenn also jemand in der Schule oder im Ort gesagt hätte, der Frank stinkt, dann wäre das der Wirklichkeit gewiss nähergekommen als dieses unausrottbare Verdikt gegenüber dem Grandi. Dermaleinst am ersten Tag im Internat sprang ich abends fröhlich ins Bett und wunderte mich, dass ich einer der Ersten war, die mit allem bettfertig waren. Dann kam der Präfekt, ein junger Pater, hieß mich noch einmal aus den Federn steigen und sprach dann nur noch: »Aber, Michael!« Da erst wurde ich gewahr, dass ich derart schmutzige Füße hatte, dass man gar von schwarzen Füßen hätte reden können, und da wurde mir bewusst, dass ich das einfach nicht kannte, dass man sich öfter oder besser jeden Abend die Füße wüsche, jedenfalls bin ich nicht einmal am ersten Abend im Internat draufgekommen und habe mich nachhaltig blamiert.

Mutter hat sich mit Bedacht und sichtlich verlegen, dann aber mit wachsendem Interesse meine Schilderungen und Fragen über den Grandi angehört, und dann wusste sie es: Der Bub hat keine Mutter. Das kannte ich nun überhaupt nicht. Dass ein Bub keinen Vater hatte, das kannten wir reichlich, war Thema allüberall, wurde bejammert und verflucht, weil sie im Kaukasus geblieben oder noch in Gefangenschaft oder vermisst waren, aber dass jemand keine Mutter hätte, das kannte ich nicht, das kannte eigentlich niemand. Und so war es. Der Herr Grandi, Grandis Vater also, war allein; warum wusste niemand, oder wollte niemand erzählen, auch Grandi selbst hat nie ein Wort dazu erwähnt, der Herr Grandi arbeitete den ganzen Tag auswärts, weshalb ich ihn nur selten flüchtig zu Gesicht bekam, und führte vor der Arbeit und nach der Arbeit für sich und den Kleinen den Haushalt und präparierte für ihn die Mahlzeiten und besorgte alles und putzte wie besessen und polierte jeden Gegenstand und trainierte den Buben auf äußerste Penibilität und Sauberkeit – weil er genau wusste, dass alle sagen würden, der Grandi stinkt, wenn sie erführen, dass er keine Mutter hat. Denn in den frühen fünfziger Jahren gab es das einfach nicht, dass Mann und Kind eine

Familie waren, ohne Mutter, Großmutter, Tante, Cousine, Schwester. Männer konnten ja auch nicht putzen, waschen, kochen, Männer konnten nur Dreck reintragen und im Wirtshaus sitzen und politisieren und vom Krieg schwärmen, keineswegs jedenfalls für Sauberkeit sorgen. Und so war ganz klar: Der Grandi hat keine Mutter zu Haus? Der stinkt, der muss stinken, denn ein Mann und ein Kind allein stinken, wie selbst die Wildsäue alle zusammen nicht stinken können, so hat es die Frau vom Metzger Schandl gültig zusammengefasst.

Beim Grandi zu Hause gab es auch ein Radiogerät. Mein vorsichtiges Ansinnen, es einzuschalten, wurde aber stets abgelehnt. Radio werde nur gemeinsam, also zusammen mit dem Vater gehört. Radio war und ist mein ganz persönlicher Lebenswunderkasten. In ihm verbarg sich, aus ihm quoll die ganze Welt, sie tut es noch. Bis dahin hatte ich nur sehr wenige Erfahrungen mit Radiohören, umso nachhaltiger brannten sich mir diese raren Schalllandschaften ins Gedächtnis. Auch beim Vermessungsfanatiker Neudegger gab es ein Radiogerät, das feierlich in Gang zu setzen uns einmal seine Tochter einlud. Das ging nur einen kurzen Augenblick, denn offensichtlich handelte es sich auch hier ohne die Anwesenheit der Eltern um eine Kompetenzüberschreitung. Ein Lied von Frauenstimmen erklang: »Komm, wir fahren nach Addis Abeba. Wir waschen dem Negus die Glatze mit Fewa. Der Negus wird staunen, der Negus ist platt, ja platt, was man in Deutschland für Waschmittel hat.« Die Eltern waren platt, ja platt, warum ich die Tage darauf hartnäckig erfahren wollte, was denn der Negus für ein Neger sei. Die amerikanischen Kameraden des riesigen schwarzen Schutzpatrons meines Bruders Dieter hatten übrigens den Volksempfänger mitgenommen, den es einst im Hause gegeben hatte. Danach gab es für derlei exzentrische Anschaffungen kein Geld. Erst viel später dann kam wieder ein Rundfunkapparat ins Haus, ein ziemlich großer Kasten mit dem faszinierenden magischen Auge, grün und hypnotisierend, der in den wenigen feierlichen Augenblicken seines Betriebs viel Seltsames von sich gab, weil den mein Bruder Reinhard eigenhändig zusammengesetzt hatte, wie wir jüngeren Geschwister belehrt wurden, war er doch ein Technikgenie, wie wir selbstverständlich schon wussten, weshalb er sogar in dem Internat, in das er eines Tages entschwunden war, um eine anständige Schulbildung zu erfahren, ein eigenes Bastelzimmer zugewiesen bekam, in dem er richtungsweisende Erfindungen und auch das Radiogerät für uns zu Hause hervorbrachte (Reinhard wurde übrigens Schwachstromingenieur).

Das Radio überwältigte mich auch mit einem der ersten Augenblicke blanken Entsetzens. Aufs Äußerste verängstigt saßen wir eines Abends vor dem Lautsprecher, in dem es mehr knackte und rauschte als üblich, in dem aus einem offenbar tiefen, düsteren, fernen Raum eine dünne, schaurig pathetische Stimme die Worte sprach: »Wir sind der letzte freie Sender Ungarns. Helfen Sie uns. Wir sind der letzte freie Sender Ungarns. Helfen Sie uns.« Aus tiefster Not ruf ich zu dir, hatte es im Kirchenlied geheißen. Das erste Mal und unvergesslich fuhr mir als schlotternde Angst in die Knochen, was ein Hilfeschrei aus tiefster Not bedeutete. Es war tatsächlich das letzte mediale Lebenszeichen der niederkartätschten kommunistischen Revolution in Ungarn gegen den Sowjetstalinismus, das wir da aufgefangen hatten.

War es etwa aus Angst, dass solch kalter Schrecken wieder und wieder aus diesem Kasten kriechen könnte, dass der Radioapparat recht selten in Betrieb war? Gezielt wurde er für rare, aber regelmäßige Übertragungen Alter Musik oder bestimmter volksmusikalischer Auftritte eingeschaltet, die mir geringeren Eindruck machten, zumal mir viel näherging, wenn zu Hause die Eltern und die Älteren selbst musizierten. Und da, wie der große Technikbruder dozierte, jeder Lautsprecher auch wie ein Mikrofon funktioniere, diente die Apparatur über einen zweiten Lautsprecher häufiger der Direktübertragung schriller Tierstimmen aus dem Musikzimmer in das Wohnzimmer, in dem mein Bruder Dieter und ich kreischend und grunzend ein umfängliches Fantasiebestiarium akustisch ins Leben riefen, dessen Art und Natur der im Wohnzimmer vor dem Radio lauschenden Restfamilie reichlich Rätsel aufgab.

An Politisches oder Belehrendes, also an längere Strecken wortreicher Darlegungen aus dem Radio erinnere ich mich kaum. Am ehesten gelegentlich an Nachrichten, die für mich regelmäßig im Absurden endeten, denn der Sprecher verkündete jahrelang unentwegt am Schluss in offensichtlichem Ernst, dass ein Pferd namens Ankerkette schon wieder auf dem Turf in Hamburg gewonnen habe. Mit dem Radio begriff ich aber, was Weite und Entfernung bedeuten. Die verhallten Senderkennungen und verrauschten Pausenzeichen aus Hilversum, aus Moskau, gar aus Peking riefen in mir wohlige Schauer hervor wie Lebenszeichen aus den Fernen des Alls.

Ob Mutter in unserer Abwesenheit den Wunderkasten öfter eingeschaltet hat? Hegte sie doch unverkennbar ein unstillbares Informationsbedürfnis, umstellt von einem überbeanspruchenden Alltag und räumlich abgeschnitten in der informationstechnischen Totalverdünnung der Buckelwiesen, sehnte sie sich offensichtlich nach Erhellung der außerhalb dieser mühseligen Idylle ablaufenden konkreten Entwicklungen in Land und Welt, was einerseits seinen Niederschlag in den lebhaften Debatten mit den Gästen bei Tisch fand, die immer auch ein Quell grundsätzlicherer Neuigkeiten waren, was andererseits für mich sichtbarer in einem im Rückblick geradezu rührenden Belohnungsritual gipfelte.

Nach den stundenlangen Märschen in den Ort, um einzukaufen für die große Familie und um Behördengänge zu erledigen, stellte Mutter – Radfahren erlernte sie ihr Leben lang nicht – im Flur die schweren Taschen und im Wohnzimmer den Rucksack ab und wickelte dann jedes Mal eine Semmel mit Fleischsalat aus, die sie mit bedächtigem Genuss verzehrte. Währenddessen kniete sie sich auf einen Stuhl, stützte sich mit den Ellenbogen auf der Tischplatte ab und begann zu lesen, was dort ausgebreitet lag. Sie las das Packpapier.

Sie wickelte alles, die Rinderleber für Sonntag vom Metzger Reiter, den Käse von der Pichlerin, das Brot und die Grahamsemmeln von der Bäckerei Schreyöck, die Schulsachen vom Schreibwaren- und Fotoladen Piering, selbst den Freitagsfisch von der Fischhalle vorsichtig aus, denn all diese Dinge waren meist von einer Außenschicht Zeitungspapier umwickelt. Diese Zeitungen entfaltete Mutter umsichtig, setzte auch mal ein paar Rissfetzen neu zusammen, und las und las und las. An eine frische, komplette Zeitung erinnere ich mich nicht.

Ob Mutter damit ihre sehr beherzte, kenntnisreiche Haltung nicht nur zu den näher liegenden Ereignissen, sondern auch zu komplizierteren Fragen in einiger Entfernung speiste? Natürlich waren da Vaters ausführliche Berichte von seinen vielen Reisen, die sich in aller Ausführlichkeit mehr um seine Arbeit, seine Freunde, seine Kollegen, seine Erfolge, seine Schwierigkeiten drehten, zwischen denen unausgesprochen auch mehr seine Abenteuer durchschimmerten, als neue Kenntnis über das politische Draußen mitzubringen. Auch wenn sie selbst kaum Zeit zum Schreiben hatte, so waren die Briefe derer, mit denen sie in der katholischen Jugendbewegung, in deren Reihen sie ja auch ihren

Mann kennengelernt hatte, die ihre Überzeugungen mitgeformt hatten, ihr größtes Vergnügen und vielleicht auch ein profunder Quell aktueller Weltsicht, die zu lesen sie sich die wenigen völlig zurückgezogenen Momente gönnte.

Wie sonst wäre erklärlich, dass es vielen schien, als erführe Mutter nichts, wüsste am Ende aber alles, detailsicher, urteilsfest. Sie gab uns ziemlich eindeutige Hinweise darauf, was ihre Weltsicht und ihre unumstößlichen Grundsätze anbetraf, allerdings oft in Geschichten, die manchmal sogar lustig waren, die aber oft erst nach Jahrzehnten ihren Verständnisschlüssel preisgaben. Da war als eindringlichste all dieser Legenden die Sache mit den Patrioten. Als Mutter ein Kind war, so erzählte sie, pflog ihre Mutter, also unsere Berliner Großmutter, mit den beiden kleinen Töchtern ein allwöchentliches Ritual. Samstags setzte sie auf jedes ihrer Knie eine ihrer Töchter, und in dieser Runde berieten die drei Damen, was man denn morgen, am Sonntag, kochen werde. Eines Tages preschte Cilli, die kleine Schwester Cäcilie, vor: »Ich möchte auch mal Patrioten essen.« Die erstaunte Nachfrage ergab: »Patrioten sind doch auch was vom Schwein.« Kurz zuvor war der Vater fäusteschüttelnd ins Haus gestürzt und hatte sie lauthals verwünscht, »die Patrioten, diese Schweine«! Die kleine Cilli nahm das wörtlich, und die Rekonstruktion der Umstände ergab: Es muss sich um den Tag des Ausbruchs des Ersten Weltkriegs gehandelt haben.

Großvater, Mitglied einer linken Untergruppe der Berliner Sozialdemokraten und überzeugter Gegner jeden Krieges, hatte schon vorher gegen die »Patrioten« polemisiert, die nichts mehr herbeisehnten als den Krieg. Und dass es am Tag des Kriegsausbruchs auch unter seinen Parteigenossen unzählige solcher Patrioten gab, traf und erboste ihn zutiefst. Dieser Berliner Großvater, Josef Weiß, kam auch zu Besuch nach Mittenwald, und das letzte Mal, so erinnerte ich mich genau, war er besonders aufgeräumt, sprach mit mir Winzling ausführlich, genoss das wunderbare Panorama, streckte sich vor dem Haus in dem Thonetstuhl aus, der so schön in Liegeposition gebracht werden konnte, scherzte mit den Geschwistern und beriet sich intensiv mit Mutter, seiner älteren Tochter. Das Einzige, was diese Erinnerung von anderen unterschied, war die Farbe: Irgendwie blieb diese intensive Szenerie in meinem sonst sehr bunt kolorierten Kopf in einer seltsamen Schwarz-Weiß-Fassung wie das respektgebietende Foto von ihm, und der Grund war, wenn ich ehrlich nachrechnete, dass es diese Episode so gar nicht gegeben haben konnte, oder besser, ich gar nicht hätte dabei sein können, weil Großvater Weiß, wie wir ihn nannten, eineinhalb Jahre vor meiner Geburt gestorben war, und zwar auf spektakuläre Weise. Im Gespräch, in der Aura unseres Hauses, im Puls der Familie muss er noch lange eine so eindringliche Rolle gespielt haben, dass ich in meiner lebhaften Vorstellungskraft an eine persönliche Begegnung mit Großvater so intensiv glaubte, dass ich zeitweilig glatt bestritt, das habe so gar nicht stattfinden können.

Dieser Großvater, ein Berliner mit oberschlesischem und deshalb katholischem Hintergrund, hatte sich buchstäblich krummgelegt, um seiner älteren Tochter Edith die Mittelschule ermöglichen zu können, sodass sie Englisch und Klavier lernen konnte, obwohl die Schreinerfamilie Weiß aus Neukölln damals so bettelarm war, wie alle Schreinerfamilien in Berlin bettelarm waren. Mutter bekam ein ganz graues Gesicht, als sie von ihrer ersten Anstellung bei der Deutschen Eisenbahn-Reklame erzählte, als Angestellte wohlgemerkt. Nie habe sie sich in ihrem Leben so geschämt wie an dem Tag, als sie ihr erstes Gehalt nach Hause brachte: Ihr Angestelltengehalt als ganz junges Ding war weit höher als der Lohn, den ihr Vater als Arbeiter verdiente.

Großmutter Anna Warnke, die mit dem Sonntagsbraten, eine Berlinerin aus Westpreußen, war eine ferne mythische Figur. Sie tauchte in sehr versonnen Augenblicken auf, schien für Mutter eine Gestalt von nachahmenswerter Güte und praktischer Intelligenz gewesen zu sein, hatte aber kaum lebensechte Konturen, war sie doch an dem Tage gestorben, als der Vater die Mutter das erste Mal überhaupt zu Gesicht bekam, ohne dass sie ihrerseits von ihm hätte Notiz nehmen können. Vater, der graduierte Maschinenbauingenieur aus München, hatte Ende der zwanziger Jahre eine Anstellung bei Siemens in Berlin bekommen, war dorthin gezogen, hatte sich völlig einsam in einer riesigen, zumal fast gänzlich protestantischen Stadt wiedergefunden, war, katholisch wie er war, um Anschluss zur katholischen Jugendbewegung gegangen. Sein erster Abend beim Quickborn war jener, als etwas verspätet eine kleine, sehr hübsche Frau mit auffällig wasserblauen Augen in befremdlichem Schwarz in den Gruppenabend schneite und sich entschuldigte, sie könne heute nicht teilnehmen, da an diesem Morgen ihre Mutter gestorben sei.

Wenn Mutter davon sprach, vergaß sie nie, ein technisches Detail anzufügen, das ihr wohl wichtig war, um die Relativität von Fortschritt und Geschwindigkeit zu illustrieren. Ihre Mutter erlag in der Charité einem Leukämieleiden. Es habe genau zwanzig Minuten gedauert, bis nach deren Tod die Postkarte mit der Mitteilung davon bei der Familie in der Emser Straße in Neukölln angekommen sei, ein Zeitwert, der selbst in digitalen Zeiten noch erstaunlich erscheint. Man bewerkstelligte das mit der Rohrpost, mit jenem genialen Röhrensystem, in dem Patronen mit eiligster Bedeutung im Untergrund durch die Stadt sausten, das für Mutter mehr Fortschritt bedeutete als jedes neue Auto oder gar ein Flugzeug.

Der Tod ihrer Mutter ließ auch die Tradition in der Emser Straße zu Neukölln enden, dass man, wenn der Leierkastenmann kam, die Fenster öffnete und zu dessen Spiel in der Küche tanzte, um danach eine Münze hinunterzuwerfen, säuberlich in Papier gewickelt, damit sie nicht davonsprang.

Mutters Mutter war ein Landkind vom Jammersberg aus Westpreußen gewesen. In deren fernem Zuhause durfte Mutter ihre Kinderferien verbringen, in einem winzigen Landgasthaus mit kleiner Landwirtschaft, regiert von der strengen, verehrten

Großmutter. Der Großvater war Schäfer und deshalb selten im Hause, wenn er aber da war, dann brachte er seiner Enkelin das Stricken bei und anderes Nützliches vom Leben und der Wolle, was die Wolle noch wärmer und anheimelnder machte, weshalb Mutter gern hervorhob, dass sie von einem Mann das Stricken gelernt hatte, eine für ihre Zeit ungeheuerliche Sache. Die Jammersberger Großmutter muss eine wortkarge, zupackende Frau gewesen sein, die der Enkelin als Zuleistung zu ihrem Ferienaufenthalt das Hüten der einzigen Kuh zuwies. Hauptaufgabe war zu verhindern, dass die Kuh in den Teich stieg, was das Tier liebte, vielleicht der Kühle des Wassers wegen, vielleicht auch wegen einiger Wasserpflanzen, die sie da abweidete, was aber aus Mutter nicht mehr erinnerlichen – wohl weil nicht einleuchtenden – Gründen undienlich und deshalb verboten war. Mutter zog also Tag für Tag los mit der Kuh, vergaß nie ihr Buch, denn schon als Kind las sie und las und las, und es dauerte nicht lange, da saß die kleine Edith tief versunken in ihr Buch und die Kuh tief eingetaucht in den verbotenen Teich.

Mutters Großmutter war eine Person, die wie die Frau Zausch gewiss viel mehr wusste über die Dinge zwischen Himmel und Erde als die meisten

Zeitgenossen. Unserer Mutter machte das genauso Eindruck wie der technische Fortschritt, an dem sie gerne erkenntnistheoretisch teilnahm, so wie sie die Zwischenwelt zwischen Mythos und Bewusstsein gerne erkundete, in der ihre Großmutter gut zu Hause gewesen sein muss. Mutter pflog, das ließ sie uns manchmal merken, noch ein durchaus reges konkretes Verhältnis zu ihrem vor langer Zeit verstorbenen Vetter, den sie sehr gemocht hatte und dessen gelegentliche unsichtbare, spürbare Anwesenheit ihr augenblicksweise normal schien. Solche Fähigkeit, zwischen den Dingen zu spüren, hatte sie wohl von ihrer Großmutter. Bei der wurde wie in vielen Bauernhäusern nur einmal im Monat Brot gebacken, plötzlich aber, zur Unzeit, gab sie der Magd auf, den Teig anzurühren und Brot zu backen. Dann befahl sie der Magd, die Gänse zu schlachten, ebenfalls gänzlich zur Unzeit, war doch nur um St. Martin, zu Weihnachten oder Neujahr die Gänseschlachtzeit. Nun suchte sich die Magd zu widersetzen, aber Urgroßmutters Autorität war so unumstößlich, dass geschah, wie befohlen, aber immerhin mit der Erklärung, es werde die ganze Verwandtschaft aus dem fernen Berlin herkommen, da müsse man präpariert sein. Dann füllte die Urgroßmutter zur Unzeit den großen Zuber mit warmem Wasser, wusch sich an einem gänzlich unpassenden Abend von oben bis unten, legte ebenso unpassend ihren Sonntagsstaat an und verschwand in ihrem Zimmer. Am anderen Morgen lag sie mit gefalteten Händen tot auf dem Bett. Sie hatte sich selbst aufgebahrt, hatte die Leichenwäsche selbst vorgenommen, das Haus war für Trauergäste aus Berlin bereitet, und in die Trauer mischten sich leise nachträgliche Schauer angesichts der offenbar übersinnlichen Gaben der Verblichenen. Das Bildnis der Urgroßmutter, das Foto einer sehr bewusst blickenden, sehr schwarz gekleideten Frau, habe ich mir später von Mutter ausgebeten.

Urgroßmutters Heimat war den Eltern ein willkommenes Beispiel, um den, wie sie meinten, Humbug mit dem Katholischen und Evangelischen auf eine anschaulich belehrende Anekdote zu verkürzen. Nicht weit vom Jammersberg sei das Ermland gelegen, eine Gegend, in der die konfessionellen Gegebenheiten auf wunderbare Weise auf den Kopf gestellt gewesen seien, die Deutschen dort seien nämlich katholisch und die Polen evangelisch gewesen, eine krasse Umkehrung in dem von preußischem Protestantismus und polnischer Katholizität geprägten und auch geplagten Ostpreußen. Das habe dazu geführt, dass die Kinder der protestantischen Polen den Kindern der katholischen Deutschen »Pollacken« nachgeschrien hätten, als Schimpfwort, weil »Pollacken« mehr die Verachtung für die Konfession meinte als die für die Nationalität.

Großvater Weiß brachte aus dem Ersten Weltkrieg, in den er wegen der Patrioten hatte ziehen und den er an der Ostfront hatte durchfechten müssen, nennenswerte Russischkenntnisse mit nach Hause. Da niemand, so erzählte es Mutter, so recht wusste, worum denn da eigentlich Krieg geführt wurde, und niemand die offiziellen Begründungen habe einsehen wollen, hätten die Soldaten beider Seiten in ruhigeren Phasen gerne »fraternisiert«, wie das hieß, was streng verboten war und eigentlich drakonisch bestraft werden sollte, was denen an der Front aber egal gewesen sei, sodass sie, wann immer es ging, namentlich zu Weihnachten und an Festtagen, miteinander gesungen und gekocht hätten, die Russen und die Deutschen, und dabei hatte er so viel von der Sprache des »Feindes« aufgeschnappt, dass er mit brauchbarem Basisrussisch heimkam.

Nach dem Zweiten Weltkrieg dann suchte die russische Kommandantur in Berlin und Umgebung verzweifelt nach Menschen mit Russischkenntnissen, stieß auch auf den Großvater und beauftragte ihn, einen Sammelplatz für Blindgängermunition, für Bomben und Granaten, die nicht detoniert waren, zu beaufsichtigen, der bei Teltow im Süden Berlins angelegt wurde, wo die Familie seiner Tochter Cäcilie, unserer Tante, der Patriotenesserin Cilli, wohnte. Großvater habe den russischen Kommandanten noch vorgehalten, so wie sie das organisierten, werde das nicht gut gehen, ihnen werde alles um die Ohren fliegen, und so kam es, das Blindgängermagazin flog mit einem ungeheuren Schlag in die Luft, einen Rauchpilz erzeugend, den man weithin sehen konnte, und der Großvater mit ihm. Unser Vetter Aloys hat auf dem Heimweg von der Schule den ungeheuren Krach gehört und den Pilz gesehen. Man musste Großvaters sterbliche Reste anhand verkohlter Kleiderfetzen identifizieren. Aber auch hier hatte Mutter eine Geschichte parat, um uns über dieses bestürzende Ende des Ahnen zu trösten: Ihr Vater habe zu Lebzeiten stets erklärt, seine ideale Vorstellung vom Tod sei die, es möge ihm in Sekundenbruchteilen den Kopf zerreißen.

Als Kind habe ich mir also diesen Großvater als wahrhaftige Gestalt eingebildet, weil ich vielleicht gar nicht genug bekommen konnte vom Großvater an sich. Denn auch der andere, der Münchner Großvater, war mir eine liebe und zugleich respektgebietende Größe. Sein schlohweißer Vollbart spielte da sicher eine Rolle, die keineswegs dadurch geschmälert wurde, dass wir auch ganz andere Assoziationen mit ihm verbanden, wenn wir zum Beispiel gemeinsam mit den Großeltern vom Schmalensee in den Ort gingen und Großvater buchstäblich aus dem letzten Loch zu pfeifen schien, wie eine kaputte Maschine kurz vor dem technischen Exitus, was in Wahrheit aber seine Bronchien waren, da er sein Leben lang unter erheblichem Asthma litt. Großvater streute Unmengen Salz auf alles Essen, obwohl bei uns viel zu würzen als ungesund und wenig schmackhaft verpönt war, aber dem Großvater widersprach niemand, außer dass ich ihn einmal fragte, warum er das tue. Da sagte er etwas traurig: »Mei, Bua, damit ned ois nach Stroh schmeckt.« Das Asthma und Nasenpolypen hatten ihn um seinen Geruchssinn gebracht, und so lernten wir früh, dass für das Schmecken das Riechen mindestens so wichtig ist wie das Schmecken selbst. Selten zu Gast auf den Buckelwiesen, hatten Besuche der Großeltern immer etwas Feierliches, auch weil Großmutter so feierlich sprach, wie uns vorkam, was aber gar nicht der Fall war, sie, die Hamburger Deern, sprach einfach sehr sorgfältig und wohlartikuliert und stieß dabei ordentlich an, wie es die feinen Hamburger eben tun, und ihrer sehr hanseatischen Wohlerzogenheit vermochte auch ein Leben von nahezu sechzig Jahren in München nichts anzuhaben.

Großvater war ein bescheidener, freundlicher Mensch, der gerne sang, im Kirchenchor und auch bei seinen Sangesbrüdern im Verein, wo er den Faulheitsbass bevorzugte, wie er selber sagte. Wenn er zu Hause zu unserer Freude, aber leider selten, die Zither hervorholte, um damit seine G'stanzln oder Volkslieder zu begleiten, die zu singen ihn zum Glück auch sein Asthma nicht hindern konnte, klang seine Stimme wunderbar hell, beinahe knabenhaft.

Die Großeltern pflegten einen geheimnisvollen Ritus, indem sie sich an einem Tag im Jahr gänzlich zurückzogen von Familie und Verwandtschaft, das war ihr Kennenlerntag, den sie feierlich nur für sich begingen, denn den Hochzeitstag, Geburtstage und andere Feierlichkeiten, das begingen ja viele, aber ohne das Kennenlernen hätte es ja nichts Gemeinsames gegeben. Kennenlerntagfeiern war also eine alleinige Spezialität der Großeltern aus

München, die sich, wenn am Schmalensee zu Besuch, auf den Weg in den Ort machten, sich ins Café Neuner im Gries zurückzogen, um gemeinsamen Erinnerungen nachzuhängen, wobei das Festtagsmenü, wie wir heimlich herausarbeiteten, stets aus einem Weißbier für Großvater und einer großen Portion *Schlachsahne* für Großmutter bestand, die sie ohne jede Zutat eines Backwerks zu verzehren liebte. Schlachsahne nannte sie das, was wir als Schlagrahm kannten, der sehr kostbar war und der bei ihr und bei uns zu Hause wenn überhaupt vielleicht zweimal im Jahr auf den Tisch kam.

Großmutter genoss sonst in Spatzenportionen Sandkuchen. Sagte sie. Ich habe Großmutter nie Sandkuchen naschen sehen und kannte ihre Vorliebe nur aus ihrem Schwärmen für Sandkuchen mit Zitronenduft. Ich selbst kannte Sandkuchen nur aus dem Märchen. Ich weiß nicht, warum zu Hause und auch bei unseren Münchner Besuchen im ersten Stock der Neuhauser Horemansstraße, wo die Großeltern wohnten, nie Sandkuchen gereicht wurde, obwohl der doch Großmutters besondere Vorliebe gewesen sei, wie sie sagte. So hegte ich den Verdacht, dass Sandkuchen und Aschenkuchen, den ich ebenfalls aus dem Märchen kannte, wie manch andere Sache eher eine ideologische Süßigkeit sein und ihre Propagierung mehr mit erzieherischen Absichten denn mit kulinarischen Vorlieben zu tun haben musste, zumal eine Grundvoraussetzung, wie ich meinte, nämlich eine offene Feuerstelle, in dem Haushalt fehlte. So blieben Sand- und Aschenkuchen im grauen, ziemlich geschmacksfreien Raum des Mythischen gefangen, und ich war sehr froh darüber. Denn im Märchen wurde klar, dass wahre Armut immer mit Sand- und Aschenkuchen zu tun hatte, war es doch eine übliche, ja zwingende Zeremonie in fast allen Märchen, in denen die armen Kinder armer Eltern gegen ihren Willen hinaus in die Welt ziehen mussten, dass am Ende, als letzter Abschied, den Verstoßenen oder unfreiwillig Abziehenden ein Sandkuchen oder ein Aschenkuchen als Wegzehrung zugesteckt wurde. Das hatte für mich seine Logik, denn mir war klar, dass Sandkuchen aus Sand und Aschenkuchen aus Asche gebacken wurde, folglich als das Ärmlichste und Bitterste überhaupt, was ich mir als Proviant vorstellen konnte, so karg und armselig, dass beiderlei Gebäck auch im Märchen niemals zu normalen Zeiten aufgetischt wurde, auch von Großmutter nicht, und so nur den Augenblicken äußerster Verzweiflung und erbärmlichsten Abschiedsschmerzes vorbehalten sein musste. Später dann irgendwann, als mir die eigentliche Beschaffenheit von Sand- und Aschenkuchen längst gegenwärtig geworden war und ich Sandkuchen ein erstes Mal zu kosten bekam, schmeckte er mir überhaupt nicht. Mir schien der Sand meiner Märchenglaubenszeit zwischen den Zähnen zu knirschen und das ist für immer so geblieben mit diesem staubtrockenen Backwerk. Als Kind aber war mir klar, dass es noch viel ärmere Leute als uns geben musste, weil wir nie genötigt waren, auf diese Nahrung der absoluten Erbärmlichkeit zurückzugreifen und wir Kinder nie aufgefordert wurden, das Haus zu verlassen und in die weite Welt hinauszuziehen, was ja wohl die unabweisliche Konsequenz so einer Mahlzeit gewesen wäre.

Großvater Josef Frank war Schreiner wie Großvater Josef Weiß. Dass ich meinen zweiten Vornamen gleich nach beiden Großvätern hatte, versöhnte mich leise mit meinen Michaelszweifeln. Mir kam es so vor, als müssten alle Schreiner Josef heißen, weil ja auch der biblische Jesusziehvater Josef Schreiner war, und auch der einzige Josef in der Verwandtschaft späterer Generationen, einer meiner Neffen nämlich, auch Schreiner wurde.

Und zwar Möbelschreiner, wie der Münchner Großvater, der der beste Möbelschreiner der Welt war, wie wir wussten. So milde und bescheiden sein Auftreten im normalen Leben war, so genau, penibel, ja pedantisch und unnachsichtig war er bei seiner Arbeit, was ihm einen Ruf an Präzision einbrachte, der sogar mitgeholfen hatte, seine Frau zu finden. Zu Großvaters Zeiten wanderten die Handwerker noch oder wechselten zumindest in Anstellungen weit weg, um dazuzulernen und die Welt zu sehen. Und in der Münchner Schreinerinnung hatten sie so um die vorvorige Jahrhundertwende gesagt, der Frank Bepperl, das ist so ein Genauer, der sollte nach Kiel oder nach Hamburg zu den Schiffsbauern gehen, denn die Schiffe hätten ja alle keine geraden Linien, sondern krumme Wände, an denen man entlangbauen müsse, das aber könnten nur die Allerbesten, und da sei der Großvater gerade der Rechte. Tatsächlich ging Großvater nach Kiel und Hamburg, wo er an den krummen Wänden entlangbaute und jeweils beim Kolping, dem katholischen Gesellenverein, unterkam. In einem Punkt war unsere hamburgische Großmutter so gar nicht hamburgisch, sondern eines portugiesischstämmigen Astes ihrer Vorfahren wegen katholisch, gut katholisch, wie man damals sagte, arbeitete als Hausmädchen und ging am freien Samstagnachmittag konfessionsgetreu in den katholischen Gesellenverein zum Tanztee, wo es dann »gefunkt« haben muss, wie Großvater sagte. Anna Emilie Lammersdorff blieb an einem Burschen hängen, den sie in ihrer Vorstellung schon immer genau gekannt und zu fürchten gelernt hatte als jemanden, den zu heiraten ihr unvorstellbar gewesen wäre: an einem semmelblonden Bayern. Der semmelblonde Bayer sei ihr stets ein Gräuel gewesen in ihren Mädchenbildern, erzählte sie, warum, das konnte sie nie so recht sagen, das entsprach einfach der Weltsicht Hamburgs. Das noch existierende Familienbuch mit dem Eintrag über die jeweilige Staatszugehörigkeit zur Hochzeit der beiden im Jahr 1907 verzeichnet für sie hamburgisch, für ihn bayerisch.

In München kam der Großvater dann irgendwann zu den Vereinigten Werkstätten, was das Feinste und Angesehenste gewesen sein muss, was man sich an Möbeln denken konnte. In den Vereinigten Werkstätten wurde so schönes Mobiliar verfertigt, dass Stücke aus dieser Werkstatt und sogar aus der Hand des Großvaters im Stadtmuseum München gelandet sind, wo man ein sogenanntes Münchner Zimmer aufgebaut hatte. Bei den Vereinigten Werkstätten hat ein Meister aber nicht genug verdient, dass er sich ein Stück von eigener Hand hätte kaufen können, weshalb es in der Familie kein solches Möbel gab und man zum Angucken ins Museum hätte gehen müssen, was dann doch keiner tat, weil es eine Reihe sehr einfacher und doch schönster Stücke für den Hausgebrauch gab. Von einem Schrank, den der Großvater für die Tante Josefa gemacht hatte, die ihr Leben lang zu Hause gelebt hat, begriffen wir erst nach ihrem und der Großeltern Tod, dass er in dem Zimmer, in dem er stand, auch gearbeitet worden war, denn man konnte ihn aus dem Raum weder durch die Tür noch durchs Fenster herausbekommen. Und von dem Sammlerschrank, ein quadratisches Türmchen von kaum hundertvierzig Zentimetern Höhe, in das fünfundfünfzig Schubladen eingearbeitet waren, die heute noch wie auf Seife laufen, konnten wir gar nicht genug schwärmen.

In der Werkstatt, so erzählte der Großvater, hat an der Hobelbank nebenan der Thomas Wimmer gearbeitet, der nachmalige sehr populäre Münchner Nachkriegsoberbürgermeister, mit dem sich Großvater nebst Damen noch bis zuletzt immer auf der Wiesn am Schreinermontag auf eine

Portion vom Ochsen, eine Maß Bier und einen Plausch über das gegenseitige Befinden getroffen hat. Um ihn, den Frank, zu ärgern, habe der Wimmer in der Werkstatt immer seine Mütze auf den Lehnensporn, seines, des Großvaters, Arbeitsstuhls gehängt, was ihn, den Großvater, aufs Äußerste gereizt habe. Eines Tages aber, da sei ihm, dem Großvater, ein scharfes Eisen runtergefallen, er habe sich unwillkürlich ganz schnell gebückt, um es aufzufangen, da sei er mit dem Auge auf den Stuhlsporn geschlagen, dass er nur noch Sterne gesehen habe, aber da hing des Wimmer Dammerls Mütze, dick und federnd, sonst, so Großvater, wäre sein Auge dahin gewesen.

Trotzdem hat den Frank Bepperl die Mütze des Wimmer Dammerl noch im hohen Alter richtig ärgern können, so wie sich die Tante Anna noch bis zu ihrem zum Glück Jahrzehnte später eingetretenen seligen Ende noch über den Straßenbahnschaffner hat aufregen können, der so unverschämt war, sie an der Theresienwiese nicht mehr reinzulassen. Ende der fünfziger Jahre kamen die ersten modernen Trambahnen auf, bei denen nicht mehr ein jeder von Hand die Türen auf- und zuschob, sondern der Schaffner mit einem Knopf elektrisch öffnete oder schloss. An der Theresienwiese stieß die Tante erstmals auf so einen Wagen, aber zu knapp, die Türen waren schon zu, der Schaffner öffnete nicht mehr, der Fahrer fuhr an, die Tram entschwand, was die sehr lebhafte Tante Anna eigenem Bekenntnis nach in einer alttestamentarischen Weise erbost hat. Dann plötzlich kam viel zu tief ein großes Verkehrsflugzeug von Osten geflogen, streifte mit der Tragfläche den Turm der Paulskirche neben der Theresienwiese und stürzte bald dahinter ab auf die Schwanthalerhöhe. Bei diesem grässlichen Unglück gab es viele Tote im Flugzeug, und es gab viele Tote in der Trambahn, auf die das Flugzeug gestürzt war, und deren Schaffner, der »ausg'schamte Lackl«, gerade zuvor unsere Tante so frech hatte stehen lassen. Und obwohl Tante Anna wusste, dass der Lackl ihr mit dieser Frechheit das Leben gerettet hatte, vermochte sie ihm ein Leben lang nicht wirklich zu verzeihen.

Der Wimmer Dammerl und der Frank Bepperl waren einander auch noch in der Weltanschauung verbunden. Ohne groß über politische Abläufe zu räsonieren und in deutlichem Abscheu vor pathetischen Wirtshausdiskursen stellte der Großvater seine politischen Neigungen keineswegs unter den Scheffel, bekannte sich gern als der »rosarote

Frank« und damit als Sympathisanten einer sehr bayerischen, sehr konservativen Linken. Er hatte die Nationalsozialisten so verabscheut, dass er in einem beinahe achtzigseitigen Lebenslauf, den ihm seine Tochter Josefa abgerungen hatte, »dieses Pack« und dessen Wirken doch immer wieder vorkommen ließ, sie aber niemals beim Namen nannte. Dabei gebrach es ihm als jungem Mann nicht an gewissem Bekennermut, von dem zum Beispiel eine graue Armbinde zeugte, die Großvater mir als Erbe zukommen ließ, wie man mir sagte, und die ihn als das Mitglied einer Art Ersatzpolizei während der Monate der Bayerischen Räterepublik auswies. Diese Armbinde zierte ein imposantes emailliertes Stadtwappen. Die offiziellen Ordnungskräfte seien damals zutiefst unloyal gewesen, weshalb er, der rosarote Frank, wiewohl kein Anhänger der Tollers, Mühsams und Landauers, meinte, Ordnung muss sein, weshalb er sich der Räteobrigkeit als ziviler Ordnungshüter zur Verfügung gestellt habe, so wusste es die Familienlegende. Als einzige Bemerkung über seine Haltung zu jenen Revolutionären erinnere ich mich an das verschmitzte Lob, ihm, dem Großvater, habe es doch sehr gefallen, dass die Revolution den Freistaat Bayern erfunden habe, womit er seiner Tradition folgte, ihm wichtige Dinge mittels absoluter Nebensächlichkeiten zu illustrieren.

Es war selten genug, dass wir in München bei den Großeltern zu Besuch waren, und dabei gab es ganz selten Gelegenheit, dass der Großvater mich bei der Hand nahm und mit mir ganz allein eine Exkursion in die Stadt unternahm, was jeweils ein glänzender Festtag für mich wurde. Auch deshalb, weil diese Exkursionen in »Hein Essers Hamburger Fischstube« am Isartorplatz endeten, wo es ein großes Stück golden gebackenen Goldbarsch mit Kartoffelsalat gab. Vielleicht ging Großvater der Sentimentalität wegen dahin, aber sicher auch weil er in Hamburg ein Fischfreund geworden war, was so weit ging, dass er manchmal nur deshalb bei Besorgungen am Viktualienmarkt vorbeiging, um dort die Schaufenster der großen Fischhalle anzuschauen, wo man alles Meeresgetier in den schönsten Ausprägungen und Ornamenten ausstellte.

Einmal gingen wir in die Münchner Residenz, um Möbel anzuschauen. Keine normalen Möbel, sondern eine Ausstellung von Inventar der europäischen Königsschlösser und Fürstenhäuser, und alle Louis und sonstigen stilgebenden großen Namen purzelten nur so, wovon ich keine Ahnung hatte, aber dass es um ganz exquisite Dinge gehen musste, war schon daran abzulesen, dass sich Großvater überhaupt dafür interessierte. Das waren sehr feierliche, hohe Räume, an deren Türen feierlich gekleidete Uniformierte Wache hielten, und die Möbel waren mit roten dicken Kordeln abgeteilt, damit ihnen ja niemand zu nahe käme. Im zweiten Raum interessierte ein Stück, ein turmhohes schmales Gebilde mit vielen Einlegearbeiten, Türchen und Schubladen, den Großvater so sehr, dass er beherzt die Kordel überstieg und begann, das Möbelstück von der Wand zu rücken. Ob eine Alarmsirene ertönte, erinnere ich mich nicht mehr, es warfen sich jedenfalls sogleich mindestens fünf der Uniformierten auf meinen Großvater, der ein eher schmächtiger, gleichwohl sehr kräftiger Mann mit der typischen schiefen Schreinerschulter war, die auch Jesus Christus auf dem Turiner Grabtuch habe, wie der Großvater mir einmal auseinandergesetzt hat, weshalb man wisse, dass Jesus wie sein Vater Josef von Beruf Schreiner war. Großvater regte sich eigentlich nie wirklich auf, nur jetzt wurde er richtig grantig und begann mit den Wachleuten zu streiten, er sei nun mal vom Fach, und wahre Qualität eines Werkstücks lasse sich erst beurteilen, wenn man es dort betrachte, wo normalerweise niemals das Auge des Betrachters hinfalle.

Er erboste sich, brachte seine Vorwände aber offenbar mit solcher Fachautorität vor, dass ein Oberaufseher und ein zivil gekleideter Ganzgroßer herbeizitiert wurden, die nach einem ziemlich heftigen, aber sich allmählich glättenden Wortwechsel erstaunlicherweise dem Großvater und mir zwei der livrierten Herren beigaben mit dem Auftrag, ausgewählte Stücke, die der Großvater bezeichne, von der Wand zu rücken und auch zu öffnen, damit man sie von hinten und innen betrachten könne. Mir Achtjährigem war das ein ungeheurer Vorgang, ein Wechselbad, ob ich mich nun fürchten sollte oder stolz sein auf den Großvater, jedenfalls dämmerte mir, dass in diesem ungeheuren Akt ein Ringen zwischen Anarchie und Autorität stattgefunden haben musste, dass man nämlich den Großvater und mich für seine Unbotmäßigkeit nicht einfach hinausgeworfen hatte, sondern ihn sogar noch mit einer Eskorte und einer Vorzugsbehandlung belohnte, wie ich sie sonst nie mehr später für einen einfachen Menschen erlebt habe. Typisch für Großvaters bescheidene Art war, dass er sich nun nicht jedes zweite Möbel hat vorführen lassen, sondern nur wenige, einzelne Stücke genauer in Augenschein zu nehmen wünschte, wobei er mir jedes Mal den Grund dafür ausführlich erläuterte, woraus, des bin ich mir sicher, die Aufsichtsuniformierten noch eine Menge lernen konnten.

Am Abend fand er es kaum der Rede wert, seiner Anna und den anderen den Vorfall zu schildern, während ich stolz von der Sonderbesichtigung der feinen Dinge berichtete. Mir schien nur, dass er sein Bier, das er abends trank, diesmal besonders genoss. Er trank immer nur einen halben Liter am Abend, und zwar aus einem ganz besonders schönen Glaskrug, dessen vordere Wölbung aus einem geätzten Katzenkopf bestand, der, wenn Bier eingeschenkt wurde, plötzlich zwei glühende bernsteingelbe Augen bekam. Eingeschenkt wurde das Bier im Erdgeschoss, in der Gassenschänke des Wirtshauses St. Barbara in Neuhausen, über dem die Großeltern wohnten und das der Grund war, warum unser Vater, der in dieser Wohnung groß geworden ist, die meiste Zeit seines Lebens ein Antialkoholiker blieb. Denn so manchen Abend musste er als Kind vom ersten Stock aus miterleben, wie vor dem Wirtshaus die Frauen und Mädchen jammerten und fluchten, weil drinnen der Mann oder Vater gerade den Wochenlohn versoff und sie keine Möglichkeit fanden, ihn daran zu hindern und ihn mit wenigstens etwas Restgeld nach Hause zu holen. Dieses Elend ist dem Vater offenbar so in die Seele gefahren, dass er lange im Alkohol einen der schlimmsten, wenn nicht den bösen Geist dieser Welt zu erkennen glaubte und so auch spät im Leben, als er nicht mehr so streng war, zumindest Bier so gut wie nie trank.

Großmutters Sauerbraten war kulinarisch das absolute Fest. Mutters Gemüseküche mochte ich sowieso, aber so etwas Feierliches gab es zu Hause nie, etwas, das drei Tage vorher eingelegt werden musste. Höhepunkt war auch die rote Grütze, etwas dezidiert Norddeutsches und damit Exotisches, das die Schulkameraden oder auch die anderen Erwachsenen sonst nicht einmal dem Namen nach kannten. Einen Kühlschrank gab es bei den Großeltern nicht, Großvater schlief im Nordostzimmer, und in diesem kühlen Raum diente der große alte unbeheizte Kachelofen als Kühlkammer.

Nach dem Sauerbraten kam dann meist der ersehnte Augenblick, da Großmutter zum Großvater sagte: »Josef, hol doch bitte den Nachtisch herein« und der Großvater hinausging und mit dem Nachtkastl zurückkam, das er mitten auf den Esstisch stellte. Großmutter ärgerte sich jedes Mal aufs Äußerste über dieses demonstrative Missverstehen des Nachtisches als Nachttisch, womit dem Kulturbruch zwischen Waterkant und Voralpenland gültig Rechnung getragen wurde, wobei dieses Ärgerritual der Paarbindung sehr förderlich gewesen sein muss.

Großvater hatte sein Bier, Großmutter ihren Kaffee. Der wurde aus Geschmacks- und Sparsamkeitsgründen pro Kanne mit einem großen rechteckigen Würfel Feigenkaffee verbessert, was man allgemein lobte, was von uns Kindern aber nicht zu beurteilen war. Für uns gab es Kakao, der mir schon wegen seines rotbraunen Farbtons sympathischer war als die schwarze Kaffeebrühe. Das war die einzige Verwöhnsubstanz, die wir Enkel bei den Großeltern erhoffen durften, hielten diese sich doch konsequent an die Vorgaben der Eltern, was Süßigkeiten und andere Nichtswürdigkeiten anbetraf, unter die normalerweise auch ein Weichlingsgetränk wie Kakao fiel. Auf Reisen, also auch zu Besuch auf den Buckelwiesen, hatte Großmutter eine silberglänzende, gravierte Büchse mit Kaffeepulver dabei, aus der sie mehrmals täglich schöpfte, um für sich eine große Tasse zuzubereiten. Die Selbstversorgung war notwendig, schon weil aus Geldgründen bei uns im Hause so gut wie nie Kaffee aufgebrüht wurde, obwohl dieser Mutters schwächelndem Kreislauf sicher sehr geholfen hätte. Meine neugierige Frage nach dieser Leidenschaft beschied Großmutter mit einem ähnlichen Befund: »Das ist meine liebste Medizin.« Es ging um ihren chronisch niedrigen Blutdruck, den sie auf ärztliche Anweisung ausgerechnet mit ihrem Lieblingsgetränk als Medikament zu bekämpfen hatte.

Dass sie ihn trinken durfte, galt als ein kleines Wunder. Denn Großmutter litt Jahrzehnte unter schwerer, ererbter Gicht, und für solche Patienten, so dozierten die Erwachsenen, seien saure Dinge reines Gift, und Kaffee sei nun mal in seiner Substanz sauer und deshalb für Gichtkranke prinzipiell verboten. Welche Vorsicht, mit der wir Großmutter die Hand gaben, denn dann hatte man ein Bündel heißer Knoten in der Hand, alles Gichtknoten, die sich um ihre Fingergelenke herum gebildet hatten, die festzudrücken wir nicht wagten, in der Furcht, ihr wehzutun.

Großmutter, so sagten die Erwachsenen, und so sagte sie es selbst, sei im Grunde ein hoffnungsloser Fall gewesen, so hoffnungslos, dass sie nach Ansicht der Schulmediziner nicht einmal mehr hätte gehen können dürfen, wäre es mit rechten Dingen zugegangen, geschweige denn einen Haushalt führen, was sie bis zum letzten ihrer Tage tat, denn wäre es nach den Ärzten gegangen, hätte sie mit solcher Gicht nur noch schmerzverzerrt im Rollstuhl sitzen dürfen. Dass dem nicht so war, lag an der Frau Doktor Mayerhofer, die nie jemand von uns zu Gesicht bekam, die eine ganz große Dokterin, ja, beinahe eine Zauberin und Großmutters guter Geist im Hintergrund gewesen sein muss. Denn Frau Mayerhofer, die der Fama nach schon damals Naturmedizin und Homöopathie mit robuster Schulmedizin verband, hat es nach Großmutters Aussage fertig bekommen, dass ihr die fürchterlichen Gichtanfälle weithin erspart blieben, ohne ein kärgliches Asketenleben noch jenseits ihrer grundsätzlichen Bescheidenheit führen zu müssen, dass sie, wenn es ganz selten doch so einen Anfall gab, weit weniger Schmerzen leiden musste, als sie das von früheren Tagen gewohnt war, dass sie jeden Weg noch selbst tapfer und durchaus forschen Schrittes machen konnte, zumindest so forsch, dass ihr Josef zu folgen durchaus Mühe hatte mit seinem Asthma, und dass sie tatsächlich ihren geliebten Kaffee trinken durfte, den ihr zwar die Schulmediziner des Kreislaufs wegen verschrieben, ihrer Gicht wegen aber eigentlich auch gleich wieder verboten hatten, den Frau Mayerhofer mit ihren Künsten aber zu einer geliebten und nur von erfreulichen Folgen begleiteten Arznei zu machen vermochte. Frau Doktor Mayerhofer wusste alles, sah sie einen Menschen nur. Kam Großmutter in ihre Praxis, fragte die Frau Doktor, wie es denn der Anna Lammersdorff gehe, um nach deren belangloser Antwort gleich zu sagen, sie habe doch aber Probleme mit der rechten Schulter, was die Frau Mayerhofer an der Haltung und an den Augen erkannt habe. Und so war es.

Unsere Mutter sah sich durch Großmutters Gichtanamnese darin bestärkt, ihrer Tradition als Kohlrabiapostelin folgend bei Krankheitsfällen in der Familie immer zuerst den dicken Wälzer des Naturmediziners Brauchle zurate zu ziehen und die Schulmediziner für die höchst selten bemühte Ultima Ratio zu konsultieren. Wenn der Brauchle aus dem Bücherschrank hervorgeholt wurde, dann wussten wir, es ist ernst, da ist jemand wirklich bitterkrank, denn Weinerlichkeiten und Wehwehchen erfuhren kaum Beachtung, kannte man in unserem Hause nicht.

Großvater baute für uns Enkel Erstkommuniongeschenke. Die Mädchen bekamen jeweils einen Nähkasten mit einer beeindruckenden Mechanik, die beim Öffnen beidseitig mehrere Schubladen ausbreitete, die von Großmutter mit allem bestückt worden waren, was eine rechte Schneiderin und was man zum Stricken und Häkeln alles brauchte. Die Buben bekamen einen Werkzeugkasten, den Großvater persönlich baute und bestückte, in dem jedes Werkzeug, der Meterstab, selbst der Zimmermannsbleistift, seinen eigenen Platz hatte, sodass niemals etwas unaufgeräumt herumliegen musste. Neben dem Fuchsschwanz hatte es mir der Zimmermannsbleistift besonders angetan, der eine flache Mine aufwies, sodass man mit der Schmalseite ganz dünne, mit der Breitseite ganz dicke Striche ziehen konnte und die fachmännisch zu spitzen wir manchmal sogar Vaters beängstigend scharfe Schnitzmesser verwenden durften, die sonst auch nur zu berühren einem Sakrileg gleichkam.

Großvater liebte es, Mitmenschen mit kleinen Bosheiten aufzuzwicken, die ihm aus dem Stegreif zuflogen, mit einer Ausnahme, und die betraf die Beamten der Stadt München. Galt es, ein Personaldokument anzufertigen oder zu verlängern, wartete Großvater ohne Warnung auf das unvermeidliche Desaster, das da kommen musste, wenn nämlich in seinem neuen Dokument verzeichnet war: Geburtsort München, dann tat Großvater innerlich kichernd so, als wäre er zutiefst erzürnt und verletzt, das sei ja die reine Dokumentenfälschung, und all die Beamten seien Dokumentenfälscher, denn er, Josef Frank, sei schließlich in Schwabing geboren, und zwar in der Stadt Schwabing, und er sei bereits zwölf Jahre alt gewesen, als man Schwabing nach München eingemeindet habe. Der Eintrag Geburtsort München sei also objektiv falsch, es müsste Geburtsort Schwabing heißen. Die Beamten staunten, und Großvater war ein bisschen stolz auf diesen Adel. Und darauf, wie er uns erzählte, dass sein Schwabing lange vor der Haupt- und Residenzstadt München Gasstraßenbeleuchtung eingeführt habe.

Und auf die Lokomotiven, besser das wohl einmalige Spektakel, diese Lokomotiven zum Münchner Hauptbahnhof zu bugsieren, die man in Schwabing bei der Firma Krauss baute, aus der später die Weltfirma Krauss-Maffei entstanden sei, die aber, wie lächerlich, keinen Gleisanschluss an das Eisenbahnsystem hatte, weshalb man die kolossalen Zugmaschinen auf einem riesigen Tieflader mit vierundzwanzig Rössern vorneweg die Leopold- und die Ludwigstraße hinunterzog und dann durch die Brienner Straße Richtung Hauptwerkstätte am Hauptbahnhof. Das Tollste an dieser Fuhre, so der Großvater, sei es gewesen, ob denn die Fuhrleute mit diesem überdimensionalen Gespann am Odeonsplatz den rechten Winkel von der Ludwig- in die Brienner Straße treffen würden, was jedes Mal einen Volksauflauf verursacht habe, der so gewaltig war, als würde man die Revolution ausrufen. Schade, dass dann irgendwann die Firma Krauss doch von Norden her einen Gleisanschluss zu ihrer mitten im Englischen Garten gelegenen Fabrik gelegt bekommen habe, womit diese regelmäßige großtechnische Zirkusnummer aus dem Schwabinger Stadtleben verschwand, die Großvater aber beweisen konnte, denn er hatte ein altes Foto davon.

Großvater und Großmutter waren die ersten Toten, die ich in meinem Leben zu Gesicht bekam. Großmutter sah aus wie immer hinter der großen Scheibe im monumentalen Leichenschauhaus des Münchner Nordfriedhofs, nur noch eine Spur strenger. Großvater hingegen, so meinte ich beinahe, schlafe oder denke intensiv über etwas nach, denn dabei senkte sich sein bärtiges weißes, schütteres, immer noch sehr schmuckes altes Haupt auf die Brust. Und genau so lag er im Sarg, als wollte er gleich aufblicken und eine seiner Schelmereien murmeln, mit denen er uns doch immer so zu tratzen liebte. Mir war gar nicht bange vor diesem Toten, ich musste mit meinen kindischen dreizehn Jahren sogar laut lachen, als wir, mein größerer Bruder und mein ältester Vetter, vor dem Sarg hinter der großen Scheibe Erinnerungen an seine feine List und Ironie nachspürten. Ich bekam einen harschen Rüffel von Trauernden, die am Nachbarschaufenster ihren Toten betrachteten, so benehme man sich nicht im Leichenschauhaus. Aber dieser Großvater hatte für mich so viel Leichtigkeit, dass er mich selbst im Tode noch erfreute. Später, des wahren Verlustes innewerdend, verflog diese Leichtigkeit dennoch nie.

Dreißig Jahre später lag Vater im Sarg wie seine eigene Wachspuppe. Er glich sich selbst kaum noch, hatte nichts mehr von diesem charismatischen Menschenfischer, der er sein Leben lang war, sondern nur noch die verfallene Anmutung eines schlechten Wechselbalgs. Die Seele war weg. Mutter hatte im Tod einen skeptischen Gesichtsausdruck, der ihr sehr entsprach. Als alte Frau hatte sie oftmals ihren von früher ungewohnten Gleichmut den Ungerechtigkeiten, Erfolgen und Fehlentwicklungen der Welt gegenüber, die sie zwar ergrimmt verfolgte, die sie aber nicht mehr so entflammen konnten wie einst, mit dem Hinweis kommentiert:

»Meine Perspektiven liegen nicht in dieser Welt.« Genauso erlebte ich sie im Leichenschauhaus des Münchner Nordfriedhofs: mit einem neugierig argwöhnischen Blick, was ihr jene Welt nun wohl bringen werde.

Mutter war mir als Kind gegenüber nie laut geworden, wenn es Anlass zu Rüge oder Missbilligung gab. Sie wurde dann eher leise, nicht immer so, dass man hätte in Angst erstarren müssen, aber leise genug, dass man schwerster Ermahnungen gewärtig sein durfte. Als Kunse, der vorlaute ältere Nachbarsbub, mir ein Geschäft vorschlug, das ich grandios fand, nämlich mein ererbtes schönes altes Schuco-Auto, das nie vom Tisch fiel, sondern immer hart am Abgrund abbog und in die sichere Fläche zurücksteuerte, gegen seine noch viel schönere, insbesondere lautere Knallerbsenpistole einzutauschen, wurde Mutter gefährlich leise. Und sie erlegte mir auf, den Handel selbst rückgängig zu machen, was mich eineinhalb Tage Hartnäckigkeit, unendliche Scham und tiefe Enttäuschung kostete, nun nicht die Bösen in dieser Welt unverzüglich niederstrecken und so für Gerechtigkeit sorgen zu können, wobei mir mehr das hurtige Geknalle des schwarzen Biestes so imponierte.

Diesen dummen Handel hätte ich nie gewagt, hätte ich da schon mein einziges Gewaltverbrechen, an das ich mich in meinem Leben erinnere, hinter mich gebracht, das aber, ich ging noch nicht in die Schule, bald darauf folgte, und das wohl mit der Phase zu tun haben musste, in der fast jedes Kind eine fatale Vorliebe für Knallerei und somit für Knarren entwickelt. Es war ein trüber Nachmittag, wir hockten hinter der Baracke und spielten, Kunse führte das große Wort, und die Valli Brigitte kauerte allein und still für sich in einem kleinen Holzpavillon, der neben dem an die Holzlege angebauten Waschhaus als Spielort zusammengenagelt worden war. Warum Brigitte für den Augenblick ausgestoßen war aus dem Kreis, ich weiß es nicht mehr, ich glaube, auch damals wusste ich es nicht, außer, dass der Kunse, der großmächtige Nachbarsbub, stets dafür zu sorgen suchte, dass die Valli-Kinder schlechter zu behandeln seien, weil sie irgendwie eine schlechte Sorte wären. Die Vallis waren so arm wie wir, Frau Valli half Mutter stets am großen Waschtag, wenn der holzgefeuerte Waschkessel angeheizt wurde und die Erwachsenen unter Ächzen und mit vor Anstrengung roten Gesichtern die große Wäsche auswrangen. Die vier Valli-Kinder hatten später

Probleme beim Lernen, was ihren Ruf nicht besserte, aber bei mir, dem vieles nur so zuflog, eher Mitleid hervorrief, hatten es diese aus meiner Sicht sowieso schon so schwer, und dann noch immer Rügen oder stille Resignation in der Schule. Die zarte Valli Brigitte also kauerte in ihrem dünnen Kleidchen mit dem Rücken zu uns in der kleinen Laube, da drückte mir der offensichtlich rundum wohl bewaffnete Kunse eine Luftdruckpistole in die Hand und hieß mich, näher an sie ranzugehen und abzudrücken. Ich tat wie geheißen. Ich nahm nur wahr, dass die Valli Brigitte still in sich hineinschluchzte, ob wegen des Schmerzes oder der Demütigung oder dem Ausgestoßensein oder wegen allem dreien, ich weiß es nicht. Ich, der ich arglos Handlanger einer offensichtlichen Übeltat wurde, die ich aber erst im Nachhinein als solche begriff, erschrak bis ins Mark, mich traf die Sache so sehr, dass mir in manchem kritischen Augenblick später im Leben diese meine Schmach vor dem inneren Auge wiedererstand als ein unauslöschliches, mahnendes Schreckbild, sich nicht zum Instrument fremder Niedertracht machen zu lassen. Ich habe es bis heute nicht aus meiner Seele tilgen können.

Ähnlichen Schrecken vermochte mir nur der Mä-ä-ä-Mann einzuflößen. Der Mä-ä-ä-Mann hatte seinen Namen von seinem ziegenähnlichen Meckern, das nach unserer Überzeugung sein untrügliches Kennzeichen war und das wir gelegentlich aus einem Wäldchen mitten in den Buckelwiesen zu vernehmen glaubten. Manchmal pirschten wir uns, hin- und hergerissen zwischen Tollkühnheit und Höllenangst, in den Mulden der Buckelwiesen Deckung suchend an dieses Wäldchen heran und versuchten, sein Mä-ä-ä nachahmend den Mä-ä-ä-Mann dazu zu bringen, sich zu zeigen. Hätte er sich denn je gezeigt, was hätten wir dann wohl unternommen? Wilde Flucht, ja, aber der Mä-ä-ä-Mann war schnell und böse, genau genommen war er eigentlich ein Mörder, was immer das sein mochte. Zum Glück hatte der Mä-ä-ä-Mann wenig Lust, aus seinem Wäldchen auf unser Ansinnen hin hervorzukommen, sodass wir ihn nie zu Gesicht bekamen.

Nur einmal, da näherte er sich uns in verhängnisvoller Weise. Wir drei Kleinen, wie Hildegard, Dieter und ich als eine Art später Geleitzug, als eine besondere familiäre Einheit genannt wurden, waren allein zu Hause, als wir hörten, wie sich jemand der Baracke näherte, ohne dass wir gewahr wurden, wer es sein könne. Plötzlich war klar: Das kann nur der Mörder sein, wenn nicht gar der Mä-ä-ä-Mann. Wir taten das, was Kinder in Angst und Not tun, wir krochen unter die Betten. Der böse Fremdling ging ums Haus, und wir hörten, wie er auf der Bank nahe dem Gartentor Platz nahm. Wir saßen in der Falle.

Hildegard begann laut zu rufen, sie rief nach der Frau Lewandowski, rief in der vergeblichen Hoffnung, dass Frau Lewandowski als die nächste Nachbarin zweihundert Meter weiter unten im Lager uns durchs offene Fenster hören würde, und sie rief, dass vor dem Haus ein Mörder auf uns wartete. Warum ist der Mörder nicht gleich ins offene Fenster gestiegen, um uns umzubringen? Plötzlich bekam der Mörder noch Verstärkung. Wir hörten ihn jedenfalls unvermittelt mit jemandem sprechen. Ach, diese Verzweiflung!

Woher Bruder Dieter schließlich die Courage nahm, doch aus dem Fenster zu steigen, um zu sehen, wer da war, oder doch wenigstens zu fliehen und Hilfe zu holen, ist mir noch heute alle Bewunderung wert. Bruder Dieter stieg aus dem Fenster und war weg. Dauerhaft. Da war klar: Sie haben ihn umgebracht. Bald – unserem Empfinden nach Stunden später – befreite uns Dieter aus der misslichen Lage, hatte er doch vor der Tür einen Fremden und den Werkstatthelfer vorgefunden,

den Vater in diesen Tagen beschäftigte, der zufällig vorzeitig heimgekommen war und einen harmlosen Zufallsbesucher antraf, mit dem er plaudernd wartete, dass jemand käme, der ihnen aufsperren würde. Dieter hatte die beiden erleichtert als harmlos erkannt und uns sofort vergessen, uns, die wir schlotternd vor Angst vor dem Mä-ä-ä-Mann und den Mördern vor der Tür unter den Betten lagen und schließlich glauben mussten, er, Dieter, habe seine Tollkühnheit mit dem Leben bezahlt.

Dieter hatte immer viel Mumm. Und er war trotz schmächtiger Gestalt durchaus kräftig. Das bekam ich manchmal zu spüren, wenn er mir, der ich unter Jähzornesausbrüchen litt, die ihren Ursprung meist in verletzten Gerechtigkeitsgefühlen hatten, physisch Grenzen setzte. Und der mich zu beruhigen suchte, wenn mir sonst ein Anschlag dräute. Dem Schandl Paul, dem Bauern, der die Wiese rundum bewirtschaftete und wegen dessen Vieh unsere große Schaukel hatte gefällt werden müssen, halfen wir gerne beim Heumachen. Mir gefiel nach der Wiesmahd das Piken der Stoppeln unter den nackten Fußsohlen, das Aufschlichten der Stanker, der Heumandln, die bei drohendem Regen das noch leicht feuchte Gras vor völliger

Durchnässung zu schützen hatten, das Auftürmen des Heuwagens und das Tollen im Heustadel, wo beidseits der Einfahrt trockenes Gras in zwei riesigen Wänden aufgestapelt stand, auf deren Hochebenen wir toben konnten, bis uns die Luft ausging. Und dieser Duft.

Dieter rutschte einmal auf einem Brett aus einer oberen Luke des Heustadels herunter, allerdings auf dem nackten Bauch, und so zog für den Rest des Tages die Mutter dem Bruder mit der Pinzette Hunderte von Splittern aus der Haut, die er sich bei der Partie eingezogen hatte.

Und wenn das Heu eingefahren war, wir unseren Schluck Limonade als Lohn bekommen hatten, da dengelte der Schandl Paul gerne noch die Sensen, das heißt, er glättete mit einer einfachen Maschine die Dellen, die sich in die Schneide geschlagen hatten, um anderntags wieder ordentlich mähen zu können. Ich saß gerne schon bei Sonnenaufgang auf der Treppe vor dem Haus, die einst in den Garten mit der Schaukel geführt hatte, nun aber direkt in Schandls Heuwiese führte, sah dem Schatten des Gebirges zu, der sich vor der aufgehenden Sonne über die Wiese, den See und die ganze Mulde zurückzog, hörte den regelmäßigen Schwung der Schnitter und das Klingen der

Schleifsteine auf den Sensen. Wenn aber dann der Schandl Paul im Stadel die ramponierten Sensen dengelte, dann prüfte er gerne die Schärfe der Klinge und sprach: »Wenn's fertig ist, schneid ich dir damit den Kopf ab.« Da rannte ich. Kein Bruder, niemand vermochte meine Panik zu bändigen. Ich wagte erst im Schutz der Baracke innezuhalten.

Der Bruder war um seinen kleinen Bruder offensichtlich besorgt. Auf einer Bergtour brach er in Tränen aus, als wir das riesige, glitschige Feld des ewigen Schnees an der Felsflanke vor dem Gerberkreuz überquerten, weil er der Überzeugung war, dass ich Steppke das nie schaffen würde. Wenn es darum ging, eine Bergwanderung wegen Übermüdung in Vaters Rucksack fortzusetzen, protestierte er nie gegen meine Bevorzugung, auf Wanderungen, die die Erstbesteigung der umliegenden Gipfel in meine früheste Kindheit verlegten.

Umso bestürzter war Dieter über einen bergmännischen Unfall. Es gab eine Luke unter dem Küchenfenster, hinter dem sich der Kohlenkeller verbarg, und in das schwarz verrußte, schwitzende Männer zweimal im Jahr große Säcke voller Steinkohle und Braunkohlenbriketts schütteten, mit denen man Herd und Ofen heizte, wobei wir die Briketts im kohlenstaubvernebelten Keller aufzustapeln hatten. Von der jahrelangen Prozedur bildete sich vor dem Fenster eine mit Kohlenstückchen und -staub gefüllte Grube, die wir Knaben als Kohlenbergwerk identifizierten, das es auszubeuten gelte. Wir hockten also einander gegenüber und hackten mit den zwei Eisenhämmern aus des Großvaters Werkzeugkasten in die Grube, als suchten wir einen Tunnel zum Mittelpunkt der Erde zu graben. Ich muss mich dann so weit vorgebeugt haben, dass ich im Eifer des Tagebaus einen Mordshieb von Dieters Hammer mitten auf dem Kopf bekam. Er erschrak fürchterlich, flehte mich an, niemandem etwas davon zu verraten, was auch gar nicht meine Absicht gewesen war, denn in meinen Kindertagen hatte ich eine geradezu wundersame Schmerzresistenz, die mich wenig wehleidig sein ließ, deretwegen es sein konnte, dass mir die Tränen herunterliefen und die Geschwister sagten: »Michl, lach mal«, und ich lachte, und alles war vergessen. So auch jetzt. Wehgetan hat es schon, aber mich interessierte das Loch im Flöz vor dem Kellerloch viel mehr als das in meinem Kopf, das aber nicht zu verbergen war, weil mir alsbald das Blut in breitem Strom übers Gesicht lief. Mir tat Dieter leid ob der bittersten Anwürfe und der Streiche mit dem Handbesen, die dem Vorfall folgten, weil mir das eine übertriebene Sanktion angesichts des für mich selbst eher nichtigen Anlasses schien.

Dieter half mir sogar, die fettesten und reinsten Harzknoten aus den Wunden der Kiefern und Fichten zu brechen. Das war ein Akt wahrer Entsagung, denn es gab kaum ein begehrteres Genussmittel als eben dieses Harz, das uns den Kaugummi ersetzte, vorausgesetzt, es war so pur, wie eine Kiefer es nur weinen kann, damit man nicht Rinde oder Nadeln und anderes Zeug zwischen den Zähnen hätte. Es hat einige Mühe gekostet, diese festen Knödelchen anzukauen, bis sie sich im Munde zu einer angenehm scharfen, zähen Masse erweichten, auf der es sich mit einigem Vergnügen ganze Tage herumkauen ließ, ohne dass jemand von den Erwachsenen Einspruch erhoben hätte. Bei der Prozedur blieben allerdings zwei meiner Milchzähne auf der Strecke. (Jahrzehnte später begegnete mir unser Harzkindergenuss in Äthiopien wieder, hochveredelt, als Weihrauch zum Kauen.) Kaugummi? Kaugummi! Das war der Ausbund der Dekadenz und in der Familie tabu, ohne dass mich das sonderlich geschmerzt hätte. Nicht einmal die beiden riesigen schwarzen Soldaten, die uns morgens in ihr Schulwegauto schaufelten, haben uns je Kaugummi angeboten. Wir kannten den gar nicht und verabscheuten ihn pflichtgemäß angesichts des Abscheus, den nur der Gedanke daran im Erwachsenenkreis auslöste.

Dieter suchte uns auch vor den Käseviechern der Lotteskachel zu behüten. Frau Lottes war eine kleine, rundliche, in Gestalt und Habitus unserer Mutter nicht unähnliche Person, die aber bei uns und im ganzen Lager einen abfälligen Ruf genoss, dessen Herkunft für immer rätselhaft blieb. Vielleicht neidete man es ihr, dass sie so viel Kapital mitgebracht hatte aus dem Sudetenland, dass sie einen winzigen Laden betreiben konnte, in dem das Allernötigste für die vielleicht zwei Dutzend Bewohner des Lagers in bescheidener Menge vorgehalten wurde. Im Grunde kaufte niemand bei ihr ein, Mutter schon gar nicht, weil die Lottes-Ware viel zu teuer war; höchstens bei akutestem Mangel winziger, aber unentbehrlicher Zutaten, etwa wenn gebacken wurde oder Gäste da waren, wurde man in das düstere kleine Kontor in der Baracke der Frau Lottes geschickt, die einem das dann freundlich aushändigte.

Eine Kachel war im familiären und dörflichen Sprachgebrauch das, was sonst in Bayern eine

Urschel ist, so kam es, dass wir nur von der Lotteskachel sprachen, deren schlechtes Ansehen bei genauerer Erinnerung weniger mit ihr als mit ihren drei Schäferhunden zu tun hatte. Diese drei Köter erschienen uns als das Heimtückischste und Hinterhältigste, was Gott an Kreaturen hatte erschaffen können, was man denen auch noch gleich angesehen hat, denn sie waren ausgeblichen. Tatsächlich: Diese drei Schäferhunde hatten die typische Schäferhundzeichnung im Fell, aber dies nur ganz blass, wie verblichen oder ausgewaschen, sie waren jedenfalls von höchst befremdlicher Erscheinung, zumal wir den Verdacht hatten, dass die Viecher uns stetig heimlich an unübersichtlichen Stellen auflauerten, um uns aus dem Hinterhalt mit wüstem Gebell anzufallen. Unser Schrecken war entsprechend, bis Dieter daraufkam, mit Bewegungen, als höbe er Steine auf, um nach den Bestien zu werfen, das Geziefer in die Flucht zu schlagen. Irgendwie korrespondierte für uns die ausgeblichene Fellnatur der Hundsviecher mit ihrer moralisch ausgeblichenen Heimtücke, und da man übertriebene Blässe rundum als kasig oder käsig bezeichnete, hießen sie nur die Käseviecher der Lotteskachel. Und ihre Feigheit, die wohl unserer eigenen ebenbürtig war, harmonierte mit der

Eigenart, dass die Käseviecher nur bei schönem Wetter auftraten, bei Regen und Kälte aber nie sichtbar wurden, was wir deren Charakter und keineswegs der Obsorge der Frau Lottes ankreideten. Ihr aber, der Lotteskachel, kreideten wir an, dass sie überhaupt unsere ohnehin mühselige Existenz mit dem Vorhalten dieser gefährlichen Raubtiere weiter erschwerte, wenn wir manchmal oben über die Bundesstraße einen Umweg gehen mussten, weil wir beim Durchqueren des Lagers mit der bleichen Meute zu rechnen hatten.

Nur dies ausgebleichte Bestiarium konnte mich, als ich später begonnen hatte, der Mutter kleine Münzen aus dem Geldbeutel zu stehlen, gelegentlich davon abhalten, bei Frau Lottes Bonbons zu kaufen. Hätten nicht die Hunde ihren Winzladen oftmals umlauert, sodass ich mich nicht herantraute, ich wäre sicher zeitweilig der beste Kunde der Frau Lottes aus dem Lager gewesen. Übrigens weinte Mutter ein einziges Mal, als ich ihr das letzte Fuffzgerl aus dem Portemonnaie gestohlen hatte.

Dieters Obsorge für mich scheiterte allzu oft an meinem Eigensinn, etwa bei Gewittern, vor denen er mich zu behüten hoffte, die sich auf den Buckelwiesen üblicherweise mit grellen Blitzen aus nächster Nähe und gewaltigen Donnerschlägen austobten, die mich aber so anregten, dass ich auf die Wiese lief, um die Hagelkörner aufzusammeln, und zwar die größten, die ich finden konnte, auch wenn der Blitz direkt daneben ins Wasserrohr mit dem Hahn schlug und schwefeligen Gestank hinterließ. Dass die stolz in einem Glas verwahrte Beute flugs zerfloss, vermochte ich nie recht zu begreifen, hielt ich für eine Heimtücke der Natur, waren die Eiskugeln doch erst so schön und fest.

Dabei waren wir Eis und seine feste oder flüchtige Natur doch so sehr gewohnt. Zentimeterlange Reifkristalle standen an manchem kalten Morgen auf den Schraubenköpfen im Schlafzimmer, denn die eigentlich sonst wohnliche Baracke wurde von durchgehenden Wandschrauben zusammengehalten, die nächtens die knackenden Tiefsttemperaturen von außen nach innen leiteten, wo sie morgens als bizarre Skulpturen auf den Schraubenenden standen, wie wir auch gewohnt waren, dass der Reif morgens dick auf der Bettdecke lag, der sich aus dem Atem von uns Schlafenden niedergeschlagen hatte. Und mein schönster Garten waren die Eisblumen. Ich zeichnete lange und gern die wunderbaren Ornamente und Lianen nach, die der Frost auf die Innenseiten der Doppelfenster gezeichnet hatte. Schade nur, dass meine ungelenken Finger mancher Märchenfigur im Eis den Wärmetod bereiteten.

Eine gewisse Zeit wurde mein ständiges Ringen darum, ob meine Zukunft dem Wegmacher oder dem Lokführer gehören würde, vom Eislieferanten gestört: Dann wollte ich Eismann werden. Das waren mächtige Mannsbilder, vielleicht war es im Ort nur ein Einziger, der mit einem rossbespannten großen Schlitten bei jenen Häusern vorfuhr, wo man Eis bestellt hatte. Auf dem Schlitten ruhten gewaltige Eisbarren, vielleicht zwanzig Zentimeter im Quadrat und einen halben Meter lang, aus eben jenem funkelnden, klaren Eis, wie ich es vom Schmalensee kannte. Der Eislieferant hatte eine unglaublich dicke schwarze lederne Doppelschürze umgeworfen, die seinen Leib vorn und hinten gut abdeckte und die ein wenig den großen goldenen Messgewändern glich, den Bassgeigen, die der Pfarrer und seine Kolosser beim Hochamt trugen. Dazu hatte der Eislieferant eine immense Eisenzange, mit der er einen der Barren ergriff, ihn mit kraftstrotzendem Schwung auf den Rücken der Bassgeige hievte und so ins Haus trug. Denn die meisten Häuser damals hatten, wenn überhaupt, einen Kühlschrank, der mit echtem Eis gekühlt wurde, weshalb man im nahen Österreich das nützliche Ding immer den Eiskasten nannte.

So hielt es auch die kleine Brauerei, die ja zwischen Gemeindehaus und Schule ihren Betrieb hatte und wo große Ochsengespanne doppelt so lange Eisbarren in großer Zahl anlieferten, die mit ebendiesen Eisenzangen ausgeladen wurden. Die Barren kamen vom Eisstadel auf dem Lauterseefeld, der neben dem Eisweiher stand, der, so erklärte man uns Kindern, in einem Kälteloch, also einer Mulde mit besonders tiefen Temperaturen, angelegt worden war, in dem das Wasser schneller und dicker gefror als üblich. Das Eis wurde dann mit enormen Sägen, die uns so mächtig wie die Baumsägen der Holzfäller vorkamen, in Stücke gesägt und dann an die Brauerei und an die kältebedürftigen Menschen geliefert. In dem Eisstadel hatte man das Eis vier Meter hoch blockweise auf zwischengezogene Strohmatten gestapelt und gelagert, damit es nicht zusammenfror, und damit es nicht schmelzen könne, denn Stroh sei ein ganz fabelhaftes Isoliermaterial, wie gesagt wurde, so fabelhaft, dass in diesem Eisstadel das ausgesägte Eis aus dem Eisweiher den ganzen Sommer bis in den Oktober nicht geschmolzen ist. Und im Oktober konnte man – damals zumindest – mit dem ersten frischen Eis rechnen.

Eis? Eis zum Schlecken war ideell so weit weg wie Kaugummi. So weit weg, dass ich lange die Vorstellung hatte, Eis zum Schlecken sei im Prinzip wie das Eis auf dem See oder aus dem Weiher, nur schmackhafter, doch regelmäßige Versuche meinerseits, dem Natureis geschmacklich etwas abzugewinnen, erbrachten nur Enttäuschung. Speiseeis galt als ein ungeheurer, moralisch nicht zu rechtfertigender Luxus, der auch unter dem Aspekt der bedrohten Gesundheit, aber mehr dem der Mangelwirtschaft verfemt war. War ich drei, war ich vier Jahre alt? Wir gingen sonntags heim von der Kirche, Vater und wir drei Kleinen. Es muss Frühling gewesen sein, die Feldraine waren noch braun, Veilchen und Huflattich und Schneerosen spitzten vereinzelt aus dem vorjährig braunen Gras, das am sogenannten Abschneider wuchs, einer Abkürzung über das Bahngleis, die den elend langen Heimweg ein wenig milderte. Plötzlich hieß uns Vater auf einer Bank hinsetzen und warten. Wir warteten lange, ohne zu wissen warum. Als Vater zurückkam, zückte er sein wichtigstes Alltagswerkzeug, ein Schnappmesser mit Hirschhorngriff, ließ es aufspringen und nagelte mit der Klinge eine papierene Spitztüte an der Holzbank fest. Und dann förderte er aus der großen Spitztüte für jeden ein Eis am Stiel hervor, ein Zehnerleis, also eine Portion, die für zehn Pfennig zu haben war. Ich hatte derlei nie zuvor gekostet. Es war wie der Frühling selbst oder wie meine Sonnenaufgänge vor dem Haus in der Wiese oder alles zusammen.

War das Wiedergutmachung für so manche Bedrückung, die Vater mit Spontanaktionen, mit Hilfsforderungen für die Werkstatt, mit dem stumm bedrohlichen Spiel der Kiefermuskeln über uns kommen ließ? Wenn ihn sein Ingrimm packte, etwa über ihm unangemessen anmutende Frisuren von uns Buben, dann klemmte er jeden von uns zwischen die Knie und schor uns mit der scheußlich zwickenden handbetriebenen Schneidemaschine den Kopf nahezu kahl, ließ nur vorne eine halbmondförmige Insel stehen, beinahe ein Ur-Irokesenschnitt, ein Aufputz jedenfalls, der in der Schule Furore machte und den Hohn der Kameraden nur so fließen ließ – bis anderntags die Hornsteinerbuben, die wohl zu Hause allzu hämisch über uns gefeixt hatten, mit ebendieser verfrühten Punkfrisur in der Schule erschienen, was den Spott über sie nun zum Sturm entfachte.

Musste Vater Fideln liefern, dann wurden sie meist auf den letzten Moment fertig und sollten dann als letzte ästhetische und farbliche Weihe ein Sonnenbad bekommen. Vater war der klassische Sonnenanbeter, saß gerne mit freiem Oberkörper am Schreibtisch vor dem Haus, um mit seiner kleinen, eigentümlichen Beinahedruckschrift unendliche Korrespondenzen zu erledigen, selbst im Winter zwischen hohen Schneewänden, wenn die Sonne manchmal in dem weißen Eiszimmer vor dem Haus eine Art Wärmeinsel aufheizte, und diese Leidenschaft für die Sonne mochte er auch seinen kostbaren Instrumenten zugutekommen lassen, war er doch der Überzeugung, nur ein abschließendes Sonnenbad für den Lack sei der letzte ideale Schliff für ein Instrument. So kommandierte er an manchen Abenden die halbe Familie zu einem absurden Veitstanz über die Buckelwiesen, mit weißen Tüchern, auf die man die Fideln ins letzte Sonnenlicht legte, eilig vor den Schatten fliehend, Tücher und Instrumente immer weitertragend, um die letzten Strahlen des untergehenden Gestirns noch zu erhaschen, weil Vater die Instrumente anderntags früh auf Reisen mitzunehmen hatte. Dies groteske Schauspiel war dem Zutrauen der Nachbarn in die Zurechnungsfähigkeit der Familie nicht zuträglich.

Die schlimmere Prüfung, ein Quell schieren Entsetzens war es für uns, die drei Kleinen, vorzuspielen. Für die älteren Geschwister hatte Vaters Geduld noch genügt, ihnen eine brauchbare instrumentale Praxis beizubiegen, die sie alle außer der Ältesten Maria ihr Leben lang auch genießen konnten. Uns Jüngsten brachte Vater mangels Zeit, mangels Geduld, auch mangels Interesse an dem Rest der Brut nichts mehr bei, verlangte aber, dass wir zu musizieren hätten wie die Älteren, und, obwohl er hätte wissen müssen, dass wir es nicht konnten, tobte sich stumm im wütenden Spiel seiner Kiefermuskeln seine bittere Enttäuschung über unser Unvermögen aus. Erschienen aber Freunde oder Bekannte der Eltern, hatten wir erst recht vorzuführen, was wir nicht gelernt hatten, was in Scham und Schande und nicht selten in Geheul endete.

Eines Abends gar erschien die damals weltbekannte Engelfamilie, mit der befreundet zu sein die Eltern vorgaben, die allesamt die wunderbarsten Instrumentalisten waren, auch auf den vom Vater gebauten Fideln, und erst recht die Jüngsten, namentlich der kleine Pauli, der um ein Geringes älter gewesen sein dürfte als ich. Die große Bassgeige war bei den Engels des Pauli Superstarauftritt, die er, den riesigen Bogen beidhändig führend, strich, dass die Herzen des Publikums nur so sprangen. An diesem unseligen Abend stellte mich der Vater, vom Ehrgeiz getrieben, doch tatsächlich unvermittelt an den Fidelbass. Er hatte mit uns ein System entwickelt, mit dem wir an seiner Kopfhaltung ablesen konnten, was für Saiten, Griffe, Akkorde zu bedienen waren, was manchmal zu ganz respektablem Klang führte. Nun aber wollte der Vater vor der Engelfamilie mit mir einen ähnlichen Dressurakt aufführen, wie ihn der bejubelte Pauli jeden Abend im Konzert ablieferte, begann, ohne mir zu erklären, was denn nun anzuspielen sei, selbst mit der Gitarre und mit diesen geheimen Kopfsignalen, die ich prompt nicht verstand, was zu totaler Kakofonie und zu meiner überstürzten Flucht vom Ort des Geschehens führte. Davonzulaufen, das gab es bei uns nie und nimmer, war ein Generalverbrechen unerhörter Art. Dieser Flucht vorm Fidelbass aber folgten keine Sanktionen.

Die sudetendeutschen Flüchtlinge hatten ein passendes tschechisches Sprichwort, dessen Treffsicherheit dazu mir erst lange Zeit später auffiel: »Des Schmiedes Ross geht barfuß.« So hatte Vater, der große Musikus, der halben Welt das Musizieren beigebracht, nur seinen jüngeren Kindern nicht, die wir nur zu gerne in den fidelnden, flötenden, gitarrezupfenden Familienchorus eingefallen wären, die wir uns aber auch nicht getrauten, allzu deutliches Interesse an den Instrumenten zu zeigen in der Furcht, dass das dann gleich wieder in Überforderung, in allzu hochtrabenden Ansprüchen enden würde, die wir nicht erfüllen könnten, weshalb diese Furcht am Ende bei uns drei Kleinen jede kontinuierliche und fruchtbringende Lernenergie erstickte.

Dabei galt Vater als großer Pädagoge, als der größte Musikpädagoge weit und breit, weil er binnen weniger Tage Erwachsene und Kinder in seinen Fidelkursen zu respektablen Klangergebnissen zu bringen vermochte, nicht aber, weil sein Lehrtalent so überwältigend gewesen wäre, sondern weil die Menschen, namentlich die Frauen, aber nicht nur sie, unseren Vater liebten und verehrten, wie keiner von uns ihn je geliebt und verehrt hat, die wir ihn streckenweise eher gefürchtet haben. Weil nun die Menschen ihn so liebten und verehrten, strengten sie sich in einer übermenschlichen Weise und in eiserner Disziplin derart an, das Fideln zu erlernen, dass es den meisten auch in relativ kurzer Zeit gelang, zu einigermaßen ansprechenden Klangerlebnissen beizutragen, nur um ihm, dem

Meister, zu genügen, was ihm, dem Meister, eben den Ruf des großmeisterlichen Pädagogen einbrachte, indem diese seine überwältigende Autorität die anderen beflügelte, uns aber, seine Kinder, oftmals eher fesselte und lähmte, weil sie immer mit panischer Furcht vor unangemessenen Anforderungen an unerbringliche Musizierleistungen getränkt war. Es gab eine Menge Leute, die hätten für Vater alles getan, die in seiner imposanten Gestalt, in seinem natürlichen Charme, in seiner naturgegebenen Autorität, in seiner charismatischen Ausstrahlung eine Glaub- und Vertrauenswürdigkeit zu erkennen glaubten, dass ich es als erwachsener Mensch später bedauert habe, dass Vater, statt Fideln zu bauen und die Leute das Musizieren zu lehren, nicht eine Religionsgemeinschaft gegründet hat, die heute sicher Millionen von Anhängern hätte, in der ich vielleicht zum Apostelrat gehören und die Kasse mit den Pilgergaben hätte verwalten können, was gewiss einkömmlicher gewesen wäre als das schöne, aber hungerleiderische und uns Kinder ängstigende Gefrett mit der Musik.

Vater hatte ein unnachahmliches Talent, das ganz große Wort zu führen, ohne viel zu sagen. Saß er mit anderen in größerem Kreise zusammen und man erörterte die Weltläufte und die Zeichen der Zeit, und Vater, der meist bedeutsam schweigend dabeisaß, wurde aufgefordert, seine Meinung kundzutun, tat er dies mit einem einzigen knappen Satz, den man mit der nötigen Distanz bei den Binsen einzuordnen gehabt hätte, der aber mit der Aura seiner Person und der Wucht der Verehrung der Zuhörer zu einer monumentalen Weisheit anschwoll. Ich liebte und bewunderte ihn auch dafür.

Genauso bewundernswert war seine geniale Methode, Festvorträge zu überdauern. Meist saß er mit seinem dekorativen Patriarchenhaupt, das er in den Nacken warf, ganz vorne unter aller Beobachtung, so kreuzte er die Arme vor der Brust, schloss die Augen und erschien dem Redner und dem Auditorium so als der aufmerksamste Zuhörer überhaupt. Nur wir wussten, dass er in dieser Haltung fest schlief, wobei er zwischendrin im Schlummer verständig zu lächeln oder die Stirn zu runzeln verstand, was als Reaktion auf das Gesagte zu deuten war, wobei er es zusätzlich zu einer fabelhaften Aufwachtechnik gebracht hatte, nämlich nicht wegzunicken oder aufzuschrecken, sondern bei anschwellender Unruhe im Saal die Augen versonnen aufzuklappen, als ließe er die Worte des Vortragenden nachklingen, ohne das Haupt zu rühren, eine Tarntechnik, um die ich ihn ein Leben lang beneidet habe.

Mutter beklagte später, sie habe es einfach nicht zuwegebringen können, uns Kleinen neben Haushalt und Sorgen auch noch das Fidelspiel beizubringen, was Vater wohl im Stillen von ihr erwartet habe, dass sie, während er in der Welt herumreiste, die Jüngsten zu ordentlichem Fidelspiel dressieren würde, damit er am Ende den Wohlklang hätte ernten können, wozu sie aber weder in der Lage noch bereit gewesen sei. Mutter war in diesem Punkte dem Vater aus schierer Überforderung nicht zu Willen, wohl aber auch deshalb, da sie allen Grund zur Annahme hatte, dass auf seinen vielen Reisen die vielen schwärmerischen Damen am Wege ihrem Manne nicht nur musikantisch zu Willen sein würden.

Für ein Kind waren solche Dissonanzen im Familienkonzert so gut wie nicht erkennbar, erinnerlich ist nur, dass Mutter, die mit ihren Überzeugungen eigentlich unter eine sehr frühe Generation der Feministinnen zu rechnen gewesen wäre, gelegentlich mit ganz gegensätzlichem Impetus über die »jungen Dinger« räsonierte, die den Mannsbildern schöne Augen machten und sich in einer Weise aufführten, dass so mancher unerfreuliche Vorfall mehr den »jungen Dingern« als den Schwerenötern anzulasten sei, was wohl der resignierte Versuch gewesen sein dürfte, vor sich selbst und dem Rest der Welt so einiges zu erklären und schönzureden, wovon sie am liebsten auch gar nichts erfahren hätte.

Wiederum Jahrzehnte später bekam diese Rechtfertigungslehre noch einen ganz anderen, düsteren Klang, als wir gewahr wurden, dass Vater sich einer unserer Schwestern in einer Weise genähert hatte, die nur unter jene Ärgernisse gerechnet werden konnte, für die es gemäß dem Katechismus besser sei, mit einem Mühlstein um den Hals im Schmalensee versenkt zu werden. Das späte Entsetzen darüber fasste einer der Brüder in dem dürren Satz zusammen: »Ich dachte immer, ich käme aus einem anständigen Haus.« So deutete sich erst Jahrzehnte später für mich eine andere intensive Erinnerung, als nämlich unsere sehr schicke, schmucke Schwester Walburg, die einer Gärtnerinnenlehre wegen indessen auswärts lebte, zu Besuch kam und in der Küche zur Begrüßung von unserem Vater in einem, mich nicht ernst nehmend, scheinbar unbeobachteten Augenblick in einer Weise geküsst wurde, wie ein Vater niemals seine Tochter küsst. Selbst dem Kinde hinter dem Küchentisch war das aufgefallen, es hatte sich im Gedächtnisregister fest als befremdlich verankert, ohne dass es hätte gedeutet werden können, wiewohl Walburg auch nicht die Betroffene war. Erst Jahrzehnte später war Raum für Überlegungen und Erörterungen unter den Geschwistern, wie Mutter wohl zumute gewesen sein mochte, wessen sie gewahr worden war, wessen nicht. Geschwister erinnerten sich, dass gelegentlich hinter Vater und einer unserer Schwestern die Türen des Musikzimmers abgeschlossen wurden, wenn Mutter nicht im Hause war, in einem Hause, in dem man abgeschlossene Türen nicht kannte. An mir waren diese Merkwürdigkeiten völlig vorbeigegangen, was den späteren Schock umso gewaltiger ausfallen ließ.

Wir waren viel barfuß unterwegs, instrumental und schuhtechnisch. Was das wohl für Schuhwerk war, das wir auf dem Kirch- oder Schulweg trugen, und wer war vorher darin herumgelaufen? Wasserfest war es jedenfalls nie, sodass wir immer durchfeuchtete und durchfrorene Füße hatten, und das schreckliche Knieweh, das meine Schwester Hildegard allzu oft heimsuchte, erklärte ich mir manchmal mit dem Schuhwerk, obwohl es wohl eher eine Art kindlichen Rheumas gewesen sein soll, das von manchen Erwachsenen gern beiläufig als Marotte des Mädchens abgetan wurde. Oder es war die pure Depression: Unsere gesundheitsgeschulte älteste Schwester entdeckte fast siebzig Jahre später, dass die moderne Medizin chronische Knieschmerzen als Symptom schwerer kindlicher Depressionen erkannt habe.

Einmal in meiner Kindheit gab es für mich neue Schuhe. Meine Schwester Walburg war mit mir losgezogen und hatte in einem feierlichen Akt in einem der Schuhläden des Ortes herrlich herbstlaubrote Halbschuhe mit schwarzer Sohle und einer weißen Naht dazwischen erworben, woran ich mich präzis erinnere, was für ein unglaublicher Akt, gab es doch Neues zum Anziehen, wenn überhaupt, höchstens zu Weihnachten, und dann hielt man diese kostbare Ware heilig, wäre nie darauf gekommen, sie sofort in den textilen Alltag einzubeziehen. Ich habe zwei-, dreimal an diesem Tage die Schuhe angezogen, bin herumstolziert, habe sie allen vorgeführt und dann sorgfältig verwahrt. Als ich dann endlich der Meinung war, der puren Verehrung sei Genüge getan und die Zeit des praktischen Gebrauchs gekommen, da waren die Schuhe schon zu klein für mich. Warum niemandem aufgefallen war, dass die Schuhe so heiliggehalten wurden? Ist es nicht so, dass die Eltern oder älteren Geschwister einem Büblein wie mir einfach die Schuhe anzuziehen gehabt hätten, und basta? Ich aber hatte sie zu lange heiligzuhalten vermocht, und trotz meiner heftigen Gegenwehr beschloss der Familienrat, diese meine wunderbaren, völlig neuen, aber seltsam verkleinerten Schuhe zu verkaufen oder zu verschenken, an eine Familie, die noch ärmer war als wir, aber wenigstens über Kinder mit passenden Füßen verfügte.

Ganz früh entwickelte ich die Vorliebe, meinen Geschwistern entgegenzugehen, wenn ich wusste, dass sie bald von der Schule oder vom Bahnhof in Klais heimkämen, wo die Gymnasiasten aus Garmisch aus dem Zug stiegen. Schwester Hildegard verdarb ich schon mal eine schöne Mitfahrgelegenheit in einem Urlauberauto, denn wenn ich irgendwo auf der Straße entgegenkam, blieb ihr nichts weiter übrig, als auszusteigen und mich aufzulesen, zumal ich manche dieser Exkursionen mit einem Puppenwagen antrat, ohne Puppe darin, aber mit vier Rädern, was Grund genug war, ihn vor mir herzuschieben. Solche Wanderungen unternahm ich sommers stets barfuß. Da brannte manchmal der heiße Asphalt unter den Sohlen, oder der Kies stach, aber das verdross mich nicht, zumal auch wunderbar weiche Teerstücke kamen, über die es sich geschmeidig marschierte.

Damals bezeichnete der Begriff Teerstraße noch die straßentechnische Wirklichkeit, und als ich mich einmal wieder gen Klais aufmachte, meinem Bruder Reinhard entgegen, der aus Garmisch von der Oberschule kommen würde, muss es ein sehr, sehr heißer Tag gewesen sein. Irgendwann kam in einer Mulde gleich bei dem großen Hauptsignal vor dem Bahnhof Klais ein langes Stück schön glatt geteerter Straße. Da stapfte ich durch, und stapfte und stapfte und blieb kleben. Ich konnte die Füßchen nicht mehr aus der in der Sommerhitze erweichten Teerpfütze heben und stand nun als eine Art Kleberest mitten auf der unbelebten Straße. Geheult habe ich nicht, aber mir war so mulmig, wusste ich doch nicht, wie ich mich befreien könnte, hatte Angst, mich hinzusetzen oder zu bücken, denn ich könnte ja auch mit dem Hosenboden oder den Händen kleben bleiben. Die Sache geriet äußerst beängstigend, und nicht einmal meine Neigung zum Jähzorn brach sich hier Bahn, sondern die schlichte Beklemmung, so harrte ich einfach aus, Beharrlichkeit waren wir ja nun gewohnt, und tatsächlich, Reinhard kam nach einer Ewigkeit und pflückte mich regelrecht aus dem Teer. Mutters Wurzelbürste, mit der sie am Abend meine Füße vom Teer zu reinigen suchte, brannte mehr auf den Sohlen als der heiße Teer selbst zuvor.

Mein Bewegungsdrang als Vorschulkind hätte sicher seine Grenzen gehabt, wäre mir bewusst gewesen, dass ich irgendwann pflichtgemäß Tag für Tag diese langen Wege zu machen haben würde. Einmal nahm mich Vater auf dem Rad mit, wir Kinder saßen immer vorne auf der Stange, und ich Unglückswurm habe wohl meinen Fuß in die Speichen des Vorderrads gebracht, was einen Salto der ganzen Fuhre und einen Sturz in den Graben zur Folge hatte. An Vaters Gesten war abzulesen, dass er sich sehr wehgetan hatte, im Gegensatz zu mir, der ich nur einige Schrammen davontrug, wovon eine Narbe am Knöchel heute noch zu sehen ist. Letztlich war das wirkliche Unglück, dass das große schwarze Wandererfahrrad, das einzige im Haus, bei dem Sturz zu Bruch gegangen war, was Vaters Feststellung provozierte, die Räder seien auch nicht mehr das, was sie mal waren.

Als ich dann schon jahrelang Tag für Tag zur Schule zu stiefeln hatte, nahm mich heimwärts ein

Urlauberauto auf seinem Rückweg ins Ruhrgebiet mit. Die Herrschaften mit einem Töchterlein, das älter war als ich, bestanden darauf, mich bis zu unserer Behausung zu begleiten, begutachteten ausführlich unsere Verhältnisse, sprachen mit Mutter, befragten mich nochmals über den Schulweg und verabschiedeten sich mit der etwas kryptischen Bemerkung, man werde von ihnen hören. Vier Wochen später kam mit der Post ein Mitteilungszettel, am Bahnhof sei eine Frachtsendung aus Recklinghausen abzuholen.

Recklinghausen! Lange begleitete mich dieser Name durchs Leben als Sinnbild für Wohlstand und Großzügigkeit. Die Sendung am Bahnhof entpuppte sich nämlich als ein größeres Kinderrad, das, sichtlich gebraucht, voll funktionstüchtig und sofort einsatzbereit war, und über das, wie ein knapper Begleitbrief vermerkte, die Tochter der Urlauber hinausgewachsen sei und es deshalb auf den Buckelwiesen besser am Platze und sicher hilfreich sein könne. Das war wie die Offenbarung, dass ich plötzlich beweglich sein sollte, dass es möglich wäre, die ermüdenden Kilometer mit kräftigem Strampeln in Windeseile zu meistern. Dass zwischen dem Schmalensee und dem Ort das Gsteig lag, dieser heftige Steilabfall, schreckte mich nicht, führte mich zu Höchstleistungen in der Rennabfahrt und rückwärts als Bergmeister.

Die Gefühle des Schulbuben über die Begrenztheit der Welt änderten sich schlagartig. Sie kehrten nur zeitweilig wieder, als Bauchweh einen eiligen Eingriff des örtlichen Chirurgen, des Doktors Schredel, nötig machte, der mit knarzender Kriegsprothese für sein am Eismeer verbliebenes linkes Bein das kleine Ortskrankenhaus befehligte und wohl zu Recht den Ruf eines fabelhaften Rundumarztes genoss. Mir ging es anfangs nicht gut, denn in dem Krankenzimmer mit fünf Betten entstand plötzlich gewaltiger Aufruhr, als der Hornsteiner, der junge Wirt der Dammkarhütte, eingeliefert wurde, und da der ja mit allen befreundet war, auch sofort der halbe Ort erschien, um ihm Gesundheit und baldige Genesung zu wünschen, und denen er allen haarklein erzählen musste, wie es zu seiner Havarie gekommen sei. Beim Knilling unter den Bögen, dem prominentesten Textilhändler im Ort, hatte man beschlossen, auf der anderen Straßenseite ein Sporthaus zu errichten, hatte dafür das alte Gebäude abzureißen, wobei der junge Hornsteiner tatkräftig half, so tatkräftig, dass er plötzlich, einen fünf Meter hohen Schornstein umarmend mitsamt dem Mauerwerk aus dem zweiten Stock auf die Ladefläche eines Lasters krachte. Er brach sich diverse Knochen, war aber besonders stolz darauf, dass er sich den Daumenstumpf der linken Hand, den er sich einst schon zur Hälfte abgehackt, nun auch noch gebrochen hatte. Das mache ihm so schnell keiner nach. Ein junger, sanfter Mitpatient nahm als Einziger Notiz von meinem Elend als Frischoperierter, dem man soeben den Blinddarm herausgeschnitten hatte, und der ja auch noch vor Durst lechzte, weil man damals erst einmal vierundzwanzig Stunden nach dem Eingriff nichts zu trinken bekam, fasste sich ein Herz und warf die ganze Dorfprominenz einfach hinaus.

Unsere älteste Schwester Maria hat einige Monate an diesem Krankenhaus als Pflegekraft gearbeitet. Ich kannte sie nur als fernes Wesen der ganz besonderen Art, denn sie war Krankenschwester geworden, hatte für lange ihre seelische Heimat in Norddeutschland gefunden und war so irgendwie für mich Jüngsten völlig aus der Welt, bis eben auf diese Monate, in denen ich meine unbekannte Schwester in der Nähe wusste, ohne dass sie für mich aus dem Horizont herauszutreten vermochte, in dem eher die Erwachsenen und die Eltern zu Hause waren. Ein nächtliches Erdbeben beflügelte meine Fantasie so, dass ich in der Schule zum Besten gab, die Eltern seien am Schmalensee regelrecht aus dem Bett geworfen worden von den Erdstößen, was ganz schnell die Runde machte und prompt von meiner erhabenen Schwester als glatte Lüge entlarvt wurde. Unsere hohe Meinung von dem Doktor, der mir den Blinddarm genommen hatte, rührte nicht zuletzt von ihr.

Maria gestand später ein, dass sie meine sich ankündigende Geburt als Fünfzehnjährige mit Besorgnis und Missbehagen zur Kenntnis genommen habe. Könnten die Alten denn nicht endlich mal mit dem Kinderkriegen aufhören, hatte sie sich gedacht, hatte sich den Eltern gegenüber in einem Anfall von Wagemut wohl auch so geäußert, was zumindest bei Mutter einen wunden Punkt getroffen haben muss, während Vater die großfamiliäre Patriarchenrolle immer genoss. Schließlich suchten sie die Älteste mit der Situation auszusöhnen, indem Maria gefragt wurde, ob sie nicht Taufpatin des achten, des letzten der Geschwister sein wolle.

Außer bei meiner Geburt war ich dann als sehr kleines Kind das erste Mal im Krankenhaus, um Mutter zu besuchen. Sie war sehr schwach, und man sagte uns, dies sei dem überanstrengten, flatterhaften, weil viel zu schnell schlagenden Herzen und der Blutarmut geschuldet. Später erst kam bei mir an, was die ältesten Geschwister wohl gleich mitbekommen hatten, dass da wohl eher ein »gynäkologisches Problem« den Klinikaufenthalt provoziert hatte, wie Maria das irgendwann fachkundig nannte, und dieses Problem wohl damit zu tun hatte, dass die Familie nicht nochmals weiterwachsen sollte. Mut und Impetus, Mutter danach zu fragen, fanden wir nie.

Meine zweite Taufpatin wurde Inge Dingler, die in früheren Jahren der Familie zum sozialen Pflichtjahr als Haushaltshilfe zugeteilt worden und die aus Freundschaft zur Mutter und der Schwangerschaft wegen vor meiner Geburt wiedergekommen war und die später, zusammen mit ihrem überaus menschenfreundlichen Ehemann in Hamburg lebend, zu einem norddeutschen Anker für so manches Familienmitglied wurde. Beide sorgten in meinen nachmaligen Internatszeiten für gewisse Genugtuung, da sie zu höheren persönlichen Festen manchmal ein kleines Päckchen mit Köstlichkeiten aus ihrem Kolonialwarenladen in Hamburg ins Schülerheim schickten, die einzigen Fresspaketsendungen, die je bei mir ankamen und die mir ein seelensalbender Ausgleich dafür waren, dass die

Kameraden aus den zumeist wohlhabenden Familien unentwegt mit Fresspaketen von geradezu unanständiger Üppigkeit bombardiert wurden.

Mir kamen dagegen die kleinen Zuwendungen der Patentante fein und exquisit vor, namentlich die geliebten Marzipankartoffeln, zumal wir Mitschüler von dem postalischen Überfluss, der vielleicht aus echter Zuwendung, oft aber auch des schlechten Gewissens der Eltern wegen, die ihre Buben oft schlichtweg abgeschoben hatten, normalerweise nicht allzu viel abbekamen. Denn nur zu Geburts- und Namenstagen durften wir die süßen Geschenksendungen einheimsen und selbst aufessen, anlasslose Schlemmerpackungen wurden von den jesuitischen Präfekten für die Allgemeinheit vereinnahmt, gebunkert und zu allgemeinen Festen unter allen gerecht verteilt, um so die Besitzhierarchien unter den Familien einigermaßen auszugleichen. Nur Obst durfte als gesund und zugleich verderblich behalten und selbst verzehrt werden, was einem missgünstigen Kameraden zum Verhängnis wurde, denn er wurde von Verwandten unentwegt mit gewaltigen Paketen herrlichster Navelorangen bedacht, aus denen er sich aber nichts machte, auf die wir anderen, namentlich ich, der ich derlei allenfalls von Advents- und

Weihnachtszeiten kannte, äußerst erpicht waren, was ihm nicht verborgenen blieb, weswegen er uns genüsslich diese Götterfrüchte vorenthielt, sie lieber verderben ließ, als sie herzuschenken. Bei einer Kontrolle des Präfekten fand sich in seinem Spind ein wahrer Berg von frischen, verdorbenen und teils schon verschimmelten Orangen, die er gehortet hatte, um sie nur ja nicht hergeben zu müssen, was den Generalpräfekten veranlasste, ihn fristlos des Hauses zu verweisen, indem seine Eltern angewiesen wurden, ihn binnen vierundzwanzig Stunden wegen absoluter Gemeinschaftsunverträglichkeit abzuholen. Der Pater Generalpräfekt ließ sich weder mit guten Worten noch mit Kompensationsvorschlägen für minderbemittelte Mitschüler erweichen, das Consilium Abeundi, den Rausschmiss des Geizhalses, zurückzunehmen.

Mutter holte mich gut eine Woche nach der Blinddarmoperation im schneereichen Spätnovember mit dem großen Schlitten im Mittenwalder Krankenhaus ab, damit sie mich so nach Hause ziehen könne, da ich auf keinen Fall den langen Weg nach Hause selbst gehen sollte, der Blinddarmnarbe wegen, was Doktor Schredel in milder Strenge angeordnet hatte. Beim Wegkreuz dann, wo die Straße das Isartal entlang zu den Kasernen und die das steile Gsteig hinauf zu uns sich trennten, bat mich Mutter abzusteigen und wenigstens bis hinauf selbst zu gehen. Den leeren Schlitten zog sie. Sie sei zu schwach, mich das Gsteig hinaufzuziehen, gestand sie ernst. Sie litt eben unter Blutarmut, und das zehrende Gewese von Familie und Abgeschiedenheit muss sie ausgelaugt haben, zumal ein zu rascher Puls ihres überanstrengten Herzens sie an Dauererschöpfung leiden ließ, der sie praktisch nie entkam, außer in einem einzigen zehntägigen Kurzurlaub in einem Müttergenesungsheim in Schleedorf. Warum sich derlei Erholungszeit nie wiederholte, weiß ich nicht, ich haderte später im Stillen damit, wenn ich meine Münzen in die Sammelbüchsen des Müttergenesungswerks warf und nicht recht einzusehen vermochte, warum bei ihr so gut wie nichts davon angekommen war. Die Sache mit dem Schlitten war das einzige Mal, dass Mutter sich den Kindern, zumindest mir gegenüber, zu ihrer eigenen Befindlichkeit bekannte, was den Achtjährigen künftig doch recht besorgt um sie sein ließ.

So wie um unsere Schwester Barbara, die auf die Schnitzschule in Garmisch-Partenkirchen ging und die Probleme mit ihren eingewachsenen Nägeln an den großen Zehen hatte und deswegen in Garmisch operiert werden musste. Sie lag dann auf dem Kanapee im Wohnzimmer, die Zehen mit den blutigen Verbänden gen Himmel gereckt, stumm vor Schmerz. Sie war mit frisch gezwickten Zehen vom Bahnhof Klais nach Hause gegangen, weil es bei uns für einen Sondertransport selbst in so einem Ausnahmefall keinen Gedanken gab. Mit kleinen, glatt gekämmten Holzköpfen, den ersten Werken ihrer Schnitzkunst, suchte sie später mein Mitleid zu belohnen. Um sie zu trösten, hatte ich mich entschlossen, bei einer schwierigen Suche zu helfen. Sie hatte erzählt, wie man ihr einst auf die Hände gesehen hatte und jemand, der sich vorgeblich auf das Linienlesen verstand, fachkundig festgestellt hatte, dass Barbara – wie ich selbst übrigens auch – zwei völlig unterschiedliche Handlinienbilder in ihren beiden Händen hatte, und dann ernst gesagt habe: »Barbara, wo sind deine Handlinien, du hast ja links deine Handlinien verloren!« Barbara war darob offenbar verzweifelt im Garten umhergeirrt, um ihre verlorenen Handlinien zu suchen.

Nun, viele Jahre später, glaubte ich, ihr dabei helfen zu müssen, was allerdings von Hause aus müßig gewesen wäre. Denn ich fand eigentlich nie etwas Verlorenes, Barbara aber fand immer alles sofort, sogar die vierblättrigen Kleeblätter, die Glücksbringer, von denen ich auf der Wiese nie eines zu Gesicht bekam, konnte sie nach Sekunden pflücken. Ein vierblättriges Kleeblatt? Wenn ich es recht bedenke, habe ich in meinem Leben noch kein einziges gefunden, nicht spontan, auch nicht durch intensive Suche. Barbara genügte immer nur ein Blick ins Grün, und sie pflückte einen, manchmal ein ganzes kleines Sträußchen vom Glücksklee. Mutter, die eher selten Heilige, Engel und andere Geister für irdische Dienstleistungen bemühen mochte, wusste beim Verlust wahrhaftig wertvoller oder unentbehrlicher Gegenstände wie etwa Schlüssel doch noch immer letzten Rat: Sie empfahl den verlorenen Gegenstand der Obsorge des heiligen Antonius, zu dem eigentlich nur Großmutter ein besonderes Dienstverhältnis pflog, schickte aber praktischerweise Barbara als irdisches Hilfspersonal zum Suchen. Die hat meiner Erinnerung nach noch immer alles gefunden, ohne dass besonderes Einwirken des naturgemäß herzlich bedankten Heiligen spürbar geworden wäre.

Ob zum Lohn für so eine rettende Auffindung oder aus welchem Grunde auch immer bekam Barbara eines Tages die Erlaubnis, von Buckelwiesen aus in eine große Stadt zu fahren, die auch noch im

Ausland lag, eine Reise also, die alles vom großen Abenteuer an sich hatte. Es ging nach Innsbruck. Und da im Hause Frank jede Vergünstigung immer einen Haken hatte, musste Barbara ihre jüngsten Brüder mitnehmen, was sie ohne weiteres Murren tat. Ich mag vielleicht fünf Jahre alt gewesen sein, es war in der Tat ein großes Abenteuer mit Grenzübertritt und allem Drum und Dran. Ich lernte, dass das Wichtigste am Zugfahren die Fahrkartenkontrolle und am Grenzübertritt die Zollkontrolle sein müsse. Denn auf dieser Fahrt kam der Schaffner, den ich als ein knackiges Bürschlein in Erinnerung habe, so ungefähr ein Dutzend Mal ins Abteil, um gravitätisch das Vorweisen der Fahrkarten einzufordern, und als der Zoll sich auch noch mindestens dreimal bei uns sehen ließ, war er gleich immer auch noch mit dabei. Die Fahrkarten, die ja damals noch diesen Namen verdienten, die nämlich winzige rechteckige Kartonkärtchen waren, ließen am Ende kaum mehr Fahrstrecke, Datum, Preis und all das erkennen, was da so draufgedruckt war, denn die vielen Löcher, die der Kondukteur feierlich in die Karten zwickte, ließen sie allmählich zu einer Art Reisesieb werden. Die Rückreise verlief nicht wesentlich anders, zumal sich hier noch die Gelegenheit ergab, die löcherigen Fahrtausweise zum Gegenstand längerer Debatten zu nehmen, ob so ein rudimentäres Gebilde überhaupt noch den Anforderungen eines amtlichen Reisedokuments genügen könne.

Es hat Jahre gedauert, bis sich mir ergründete, worin das Motiv so penibler Genauigkeit lag: Auf diese Weise bot sich dem Schaffner die Gelegenheit, in dem sonst von sonnenbrandgeröteten Sommerfrischlern und mürrischen Pendlern besetzten Zug reichlich Zeit mit der schmuckesten und knusprigsten Person weit und breit zuzubringen, alles im Rahmen einer Amtshandlung, also bar jeden Verdachts, einfach nur anbandeln zu wollen. Irgendwie ist es in den Jahrzehnten dabei geblieben. Das mit dem Anbandeln, das hätte so mancher gerne probiert. Schmuck und auch knusprig ist Barbara, die ihr wahres Alter auch Kindern und Enkeln gegenüber lange Zeit wie eine geheime Verschlusssache zu hüten wusste, alle Tage ihres bisherigen Lebens geblieben.

Mit dem neuen Fahrrad war der Anreiz vorbei, sich auf die Ochsengespanne der Bauern einladen zu lassen, auf denen wir so gerne mitgefahren waren, wiewohl die behäbigen Ochsen keinen Schritt schneller waren als wir Kinder. Manchmal hatten wir sogar auf den breiten Rücken dieser so mächtigen wie gutmütigen Grauviecher mitreisen dürfen. Doch wenn sommers die Leiterwagen, winters die schweren Ochsenschlitten hoch aufgetürmt mit dem Heu von den Buckelwiesen ins Dorf schwankten, das Futter aus den zahllosen Stadeln draußen nun in den Stall bugsierten, da hängte man doch gerne das viel schnellere Rad in den Sprossen des Gefährts auf und sprang juchzend oben ins Heu, in diese leise schwankenden Fuhren köstlichen Duftes.

Der Duft des Heus wäre eines der intensivsten Gewürze, sollte ich die Inhaltsstoffe von Heimat benennen. Darin schwelgten wir auch auf der Alm, wo im August vorsorglich ein wenig Heu für die Kühe gemacht wurde, da der Almabtrieb erst Ende September stattfand und es vorher schon so stark schneien konnte, dass die Viecher nichts mehr zu weiden hatten und man zufüttern musste. Und Heu war die Polsterung der Schlafstätten.

Die Alm war eine besondere Kammer des Paradieses, wie es mir vorkam. Eine uralte Hütte, die schon lange nicht mehr wirtschaftlich genutzt wurde, mit offener Feuerstelle, deren Rauch einfach durchs fugenreiche Schindeldach abzog, mit zwei winzigen Schlafkammern mit jeweils einem einzigen Gemeinschaftslager voll von frischem Heu, mit dem Bach, dessen Rauschen neben den Kuhglocken die gleißenden Sommertage noch vor Sonnenaufgang weckte, wo Abenteuer und Freiheit und frische Buttermilch eine Ahnung vom Glück wachriefen. Wo die Nächte so schwarz sein konnten, dass man die Hand vor den Augen nicht sah, und so still, dass man die Nachtfalter flattern hörte. Wo jahrhundertealte riesige Fichten einen sanft geneigten Talboden im Schatten der Östlichen Karwendelspitze bestanden, wo samtener Bewuchs die weiten Matten zum märchenhaften Teppich unserer Kindertollereien machten.

Dorthin zu kommen war allerdings eine Prüfung, wie sie in jedem Märchen vorm Paradies ansteht, ein Marsch von den Buckelwiesen aus von sechs, sieben Stunden, der so lange währte, weil ja auch wir Kleinen mitstiefeln mussten, über unendlich lange Serpentinenwege, über Rücken und Grate der Soiernspitze und des Karwendel und über einen tosenden Wildbach, den es auf zwei einfachen, unendlich langen Stämmen zu überqueren galt, die immer feucht in der Gischt der darunter wütenden Wasser und deshalb ungeheuer glitschig waren. Die älteren Geschwister machten den Weg manchmal allein in dreieinhalb Stunden, aber wir drei Kleinen, namentlich ich selbst mit vielleicht fünf Jahren beim ersten Mal, gaben das Tempo vor. Bei diesem ersten Mal, da mir der Aufstieg niemals mehr zu enden schien, trug Mutter in dem blaugrauen Steinzeugwasserkrug die Tomaten mit hinauf, damit sie nicht im Gepäck zerquetscht würden, wie wir überhaupt fast alles außer Milch, Butter, Käse, Brot und Schwammerln hinaufschleppen mussten.

Jenseits des breiten Baches lag auf dem Almboden die noch bewirtschaftete Hütte mit zwei gewaltigen Stallbauten, dahinter die Odelgrube und der Saustall und die Tränke, in die die Almerer das Wasser einer hoch gelegenen Quelle geleitet hatten, herrliches, felskaltes Wasser, wo das Vieh soff, Wasser, das noch besser schmeckte als das des Baches und das in der Milchkammer über große Riemen eine Zentrifuge für die Milch und eine kleine Turbine für drei elektrische Funzeln am Abend antrieb. Dieses Wasser kam von halber Höhe des Torkopfes, eines seltsamen Gipfels, der von Südwest den Talboden schloss, wie ein riesenhaftes Tor oder ein Kopf gerundet.

Dorthin stiegen wir gelegentlich auf, durch eine enge, von schroffen Wänden umstandene Rinne, einen Kamin schon beinahe, und auf dem Gipfel brach alles talwärts senkrecht ab, wie mit dem Meißel geschlagen. Mutter bat Vater, sich doch bitte niederzusetzen, wenn er mit den Zehenspitzen auf dieser Kante wippte, die Absätze über dem Abgrund, also mit dem Rücken über dem Hunderte Meter abfallenden Nichts, was ihm nichts weiter ausmachte, was Mutter aber an die Zukunft der Familie denken ließ. Dass solche Faxen gefährlich sein könnten, lernten wir mit dem furchtbaren Schmerzensschrei, den wir eines Tages aus dieser Rinne hörten, so furchtbar, dass wir dachten, jetzt ist jemand tot. Ein kindskopfgroßer Stein hatte sich gelöst, war durch die Rinne zu Tal gepoltert und unserem Vetter Aloys ins Kreuz geschlagen. Der Schrei war zum Glück furchtbarer als die Folgen, eine Absplitterung am Becken. Mir saß der Schrei noch Jahre fürchterlich im Gebein. Aber danach kam die Abfahrt von der Torscharte durch die Kare zum Almboden, ich an der Hand des Vaters den Schwall des Gerölls hinabsurfend, wie der Herr über die Elemente.

Auch die Steilwanderungen das Bachbett hinauf durch die Schrunden zwischen Wasserkarspitze und Rappenspitze waren nicht ungefährlich, vorbei am großen Wasserfall und an den vielen grünen Gumpen, in die wir, erschöpft oder erhitzt, zur Erfrischung eintauchten. Da konnte man sich schon einmal im Steilhang versteigen, und wenn Bruder Reinhards Knie zu zittern begannen, dann wusste ich, es wird ernst, allerdings war der auch nie ein großer Bergheld. Es ist aber immer glimpflich abgegangen. Nur wenn es zu regnen begann, selbst wenn es weit entfernt nur vernehmlich donnerte, ohne dass wir Wolken am klaren Himmel sehen konnten, dann stürmten wir geradezu auf den Heimweg, denn wie in einem Wüstenwadi konnte von einem Gewitter weit oben in den Gipfeln das Wasser in aller Urgewalt in dem Sturzbachbett wie eine Wand herunterrasen, ohne dass man unten vom Regen irgendetwas gesehen oder gespürt hätte.

Die morgendliche Katzenwäsche fand im Bach statt. Dann wurde den ganzen Tag erkundet, getollt, gewandert, gesammelt, dem seltsamen Ruf der Kolkraben gelauscht. Die Kühe flößten uns ihrer Größe wegen einigen Respekt ein, aber wir mochten sie und lernten sie zu unterscheiden, gaben ihnen Namen, mochten die einen ihrer Sanftmut wegen mehr als die anderen. Und wir lernten melken. Unsere Lieblingskuh war die Ponykuh. Ein Grauvieh, das es damals auf der Alm noch ebenso oft gab wie das »modernere« und milchträchtigere Höhenfleckvieh, ein Tier, das über seinen runden Hornansatz herrlich rote Ponys gekämmt trug, als wollte es an einem Friseurwettbewerb teilnehmen. Das Tier kam uns auch recht kokett vor, so als kannte es seine modische Extravaganz, und wir ließen uns von ihm sogar die Fußsohlen abschlecken, was Kuh und Kalb mit Begeisterung taten, wenn wir auf dem Bauch in der Sonne lagen. Die rauen Zungen kitzelten gewaltig.

Die Alm wurde von Tirol aus bewirtschaftet, von dort stammten naturgemäß die Almerer, am Anfang waren es noch viele Kerle, ein älterer Kaser und acht junge Bengel, die auf hundertvierzig Stück Vieh und ebenso viele Kälber sowie eine Herde ungezählter Schafe zu achten hatten, was tagelange Extratouren erforderte, verstieg sich mal ein Stück oder waren gar einige Jungviecher abgängig, die alle weit oben in den Matten und auf den Graten über dem Almboden weideten. Und hinter dem großen Stall gab es noch vielleicht sechs Sauen im Kober neben der Odelgrube, eine Art Sommerproviant und eine sehr nahrhafte Verwertungsstrategie für die viele Molke, die beim Käsemachen anfiel. Was für eine Katastrophe, als eines Sommers die Schweine den Rotlauf bekamen, verendeten und im Schotter des riesigen Bachbetts begraben werden mussten. Woher nur hatten sie die Seuche? Sie mussten deren Keim schon vom Tal mitgebracht haben, hier oben gab es keinen Kontakt außer mit Wildtieren, denn es gab noch nicht einmal einen anständigen Fahrweg, wo man mit dem Plattenwagen und den Rössern hätte Waren herauf- und hinuntertransportieren können, sondern alles, was auf der Alm gebraucht und an die spärlich passierenden Bergwanderer ausgeschenkt wurde, musste vom Ross mit dem Tragsattel hinaufgebracht werden, denn die Touristen mochten seltsamerweise manchmal keine frische Almmilch, sondern Limo. Wunderliche Leute darunter, wie jene, die ihren Hund, einen Cockerspaniel, verbotenerweise hatten frei laufen lassen, der sich, den Almboden erreichend, wie besessen belfernd auf die Rindviecher stürzte, die wild flohen, bis sich die Leitkuh umwandte und mit dem Vorderhuf nach dem Kläffer schlug und ihm mit einem gezielten Hieb das Rückgrat brach. Das Jaulen seiner Besitzer fand auf der Alm kein Gehör.

Das trug sich in jenem Teil des Almbodens zu, wo die Matten sich sanft abwärts in den schütteren Wald gewaltiger Fichten und Lärchen verzogen, wo oft die wunderbarsten Pilze wuchsen, die besonders der Bergfeigling Reinhard gut zu deuten wusste, was ihn zum Schwammerlpatron machte, denn er wusste Fliegenpilz und Kaiserpilz, Satansröhrling und Hexenröhrling genau auseinanderzuhalten, was lebenswichtig war, denn Erstere sind verteufelt giftig, Letztere wunderbare Speisepilze, nur ähneln sie einander in einer für den Laien verwirrenden Weise. Die Blutreizker mit ihrer grünspangrünen Kappe und dem roten Saft, die die Wanderer für besonders giftig hielten, die aber besonders schmackhaft waren, die vermochten wir Kleinen selbst zu erkennen, auch die Blau- und Butterpilze, die Hirschzungen, Korallenschwammerl und Birkenpilze, sogar den schwarz anlaufenden Tintenschirmling und den runden weißen Bovist, aus dem man, war er dick genug, regelrechte Schnitzel braten konnte, mit Butter und Zwiebeln und Petersilie, manchmal auch mit wilder Pfefferminze oder Gebirgsthymian. Der schöne, köstliche Bovist verwandelt sich alternd in den Kartoffelbovist, einen faulig riechenden graubraunen Sack, der, tritt man darauf, theatralisch platzt und gewaltige Wolken brauner, stinkender Sporen ausstößt.

Der Kaser Rudl, was eine Koseform für Rudolf ist und die Dialektbezeichnung für den Käser, also den, der den Käse macht, war ein sehr kleiner, dürrer, zäher, kräftiger Mann. Ihm oblag es, für alle zu kochen, zu waschen, wie ein Familienvater den Haushalt zu führen und eben den Käse zu machen, da keine Möglichkeit bestand, die erklecklichen Mengen an Milch abzutransportieren, die deshalb sofort an Ort und Stelle verarbeitet werden mussten. Der Kaser Rudl verstand den Familienvorstand so konkret, dass er manchen der achtzehn-, neunzehn-, zwanzigjährigen Kerle, die ihn an Körpergröße weit überragten, bei überbordender Unbotmäßigkeit übers Knie legte und versohlte. So klein er war, so stark und respektiert war er auch. Dass es hier keine Sennerin gab, war einem bigotten alten Kirchendekret im Bistum Tirol geschuldet. Denn der Mythos der schönen Sennerin hoch auf der Alm ist in allen Alpenregionen zu Recht zu Hause, nur nicht im Bistum Tirol in seinen historischen Dimensionen des Bistums Brixen. Denn die Brixener Prälaten sahen in alleinstehenden Weibspersonen hoch auf kirchenfernen Matten der Berge eine derartige sittliche Gefahr, dass sie das schon vor Jahrhunderten verboten und dekretiert hatten, dass nur Männer Almwirtschaft betreiben durften. So ist Tirol Kaserland geworden, nicht Sennerinnenland.

Der Kaser Rudl mochte mich sehr. Ich durfte helfen, wenn er unter dem riesigen Kupferkessel aus Kienspan das Feuer entfachte, um den Tilsiter zu bereiten, der die eigentliche Käsesorte hier auf der Alm im Karwendel war, obwohl kein Mensch hätte ahnen können, dass dieses Tilsit, nach dem der Käse benannt war, weit im Nordosten an der Schwelle des Baltikums liegt. Dann machte er noch etwas Emmentaler, der in der Familientradition wie oft in Deutschland nur Schweizer Käse hieß, was meine Schwester Walburg später zu spüren bekam, als sie in die Schweiz ausgewandert war und dort das erste Mal Käse zu kaufen gedachte und in Wil im Kanton Sankt Gallen im Laden Schweizer Käse verlangte, worauf der nachsichtige ältere Inhaber von einem Ende seiner Vitrine bis zum anderen wies und sprach: »Junge Frau, alles was Sie hier sehen, ist Schweizer Käse.«

Der Kaser Rudl machte außerdem noch den Graukäs, dessen Beschaffenheit sich mir als eine der prägendsten geschmacklichen Erfahrungen einprägte. Heutzutage gibt es Graukäs wieder oft in Tirol, nur weiß keiner mehr, woher er seinen Namen hat, denn Graukäs ist immer hellgelb wie Harzer Roller und meist auch so glibberweich. Den Graukäs damals machte der Kaser Rudl in stumpfen großen Kegeln, die er über dem Kaserfeuer ins Gebälk der Hütte setzte, wo sie Wochen und Monate reifen konnten. Am Ende waren sie anthrazitgrau vom Ferment und besonders von Rauch und Asche, die aus dem mindestens dreimal wöchentlich befeuerten Kaserfeuer aufstiegen. Das gab dem Graukäs seine besondere Würze – und den Namen. Wenn man den Graukäs aber im rechten Augenblick herunternahm und anschnitt, was wie bei einem Gugelhupf geschah, also in spitzen Tortenschnitzen durch die Hälfte des Kegels, dann offenbarte sich ein Wunder. Denn ganz außen war der Kas grauschwarz und körnig und so intensiv, dass ihn der Kaser in der Küche als Gewürz für vielerlei Speisen verwendete, ging dann über in diesen harzerähnlichen gelben Glibberzustand und mündete in der Spitze in einem relativ frischen Kern wie ein reifer Topfen. So hatte jeder mit einem Stück Graukäs eine ganze Galerie unterschiedlicher Reife des Käses auf dem Teller, eine Feinheit, wie ich sie seither nicht mehr kosten durfte und von der die meisten heutigen Graukäseesser und -produzenten keine Vorstellung mehr haben, auch in Tirol nicht.

Der Kaser Rudl, dessen Maß aller Dinge sein Daumen war, mit dem er alles abschätzte und bewertete, was abzuschätzen und zu messen war, schritt zu einem feierlichen Akt, wurde er meiner ansichtig. Er führte mich in die Butterkammer, wo alles Fertige seiner Kaserkunst ruhte. Dort schnitt er daumendick vom selbst gebackenen Brot ab, schnitt sodann daumendick von der selbst gebutterten Butter ab, schnitt sodann daumendick vom Tilsiter oder Schweizer Käse ab, legte alles bedächtig aufeinander und übergab mir dieses in meiner kulinarischen Lebensgeschichte wohl einmalige Butterbrot. Es schmeckte himmlisch. Das Problem war nur, dass ich mit fünf Jahren zunächst den Mund nicht weit genug aufzusperren vermochte, um von diesem ungeheuerlichen Butterbrot abzubeißen und dass es etwa dreier Tage bedurfte, bis ich es verdrückt hatte.

So saßen wir abends vor der Hütte, ich noch kauend, wenn die Schatten fielen und die Dämmerung aufzog, und der Seppei, der Kaibebua, der als der Kälberhirte auf dem Hochleger der Alm hauste, sich nach seinem Tagwerk auf einen Felsgrat hoch über dem Talkessel setzte und die Ziehharmonika spielte, sodass der ganze Almboden im letzten Dämmerschein und dieser beseligenden Musik schwamm. Wir alle mochten den Seppei sehr, einen Bauernbuben aus dem Inntal, der uns der netteste der rauen Gesellen schien, der irgendwann prompt um die Hand unserer Schwester

Gertrud anhielt, worauf diese vor Schreck alsbald Klosterfrau wurde.

Auf der Alm waren Mutter und Vater oft freundlicher zueinander. Sonst kannten wir sie eher als gewichtige Persönlichkeiten, die statuarisch wie gewichtige Persönlichkeiten miteinander umgingen, was noch durch den Brauch verstärkt wurde, von einander als dem Hausvater und der Hausmutter zu sprechen. Zärtlichkeiten zwischen ihnen erlebten wir beinahe nie. Ein Bild aber ist mir geblieben, das vielleicht sogar die früheste konkrete Erinnerung meines Kindseins bedeutet. Es waren noch die Zeiten, als die spätere Werkstatt in der Baracke als Wohnraum gebraucht und deshalb eine Ecke des Musikzimmers als Werkstatt eingerichtet war. Ich saß am frühen Abend in der Dämmerung unter der Hobelbank in dem großen Haufen der Hobelspäne, die mich wie ein Berg gedrehter Locken umgaben und vielleicht sogar vor meinen Eltern verbargen, als sie den Raum betraten. Sie entzündeten die schweinslederne Stehlampe, die warmes, wachsgelbes Licht verströmte, Mutter nahm am Cembalo Platz, Vater nahm die Fidel und rückte den Stuhl zum Cembalo, sie nickten einander zu und dann spielten sie gemeinsam ihre geliebten Tänze der Renaissance. Ich habe die Eltern nie mehr im Leben in solch intimer Eintracht erlebt.

Die Silberhochzeit der Eltern war im Frühjahr. Die Eltern genossen das Privileg, ihren Hochzeitstag meistens zweimal im Jahr zu feiern, einmal am 14. Mai und ein weiteres Mal an Christi Himmelfahrt, denn als sie geheiratet hatten, war Christi Himmelfahrt auf den 14. Mai gefallen, was später nur noch sehr selten zusammenkam, woraus sich das gedoppelte Fest ergab. Sie waren von Romano Guardini getraut worden, worauf sie sehr stolz waren, denn dieser Romano Guardini war ein großer Protagonist des Jugend- und Reformkatholizismus gewesen, wie sie uns erklärten, dem man in München an der Universität sogar einen eigenen Lehrstuhl eingerichtet hatte, worauf sie wiederum so stolz waren, dass sie manchmal in dessen öffentliche Predigten oder Vorlesungen in der Ludwigskirche gingen, so selten sie in München waren. Sie hatten ihn in der Jugendbewegung kennengelernt, woher sie ihre Ideen von der Lebensreform und dem Kohlrabiapostelsein hatten, und mir kam es vor, als käme der Professor Romano Guardini, was die Verehrung der Eltern anbetraf, nur knapp hinter dem lieben Gott.

Die Silberhochzeit der Eltern war ein großes Fest, für Mutter vielleicht zu groß, aber in besonderer Weise besonders, weil sie einmal in ihrem Leben mit der ganzen Familie in ihrem Wunschauto unterwegs sein konnte, einem Kleinbus, den sie sich für den großen »Verein« und seine Bedürfnisse so sehr gewünscht hätte, wohl wissend, dass solcher Luxus nie erreichbar sein würde. Der Herr Schnackl, der nicht nur die Tankstelle betrieb, Autos reparierte und das Eis am Stiel verkaufte, verdingte sich mit seinem »Bulli« gelegentlich als Chauffeur, beförderte uns also zur Silberhochzeit zur berühmten Wieskirche, wo der Chef des angeschlossenen Tagungshauses, ein unverschämt blonder, mit den Eltern befreundeter Herr Kurat, die Messe hielt, während die Eltern wie ein echtes Brautpaar vorne vor dem Altar auf einer rotsamtenen Kniebank knieten und wir Kinder im Halbkreis um sie herum gruppiert vor der ganzen Gemeinde standen. Manche von uns Geschwistern genossen solche Sonderauftritte, einige, ich mit, mochten das gar nicht, auch nicht, wenn Vater auf Reisen mit uns in jedweder Kirche, und er ließ keine Kirche aus, den Choral »Nun bitten wir den Heiligen Geist, um den rechten Glauben allermeist« anstimmte, um so die Akustik zu erforschen, wie er behauptete, was gewiss auch gestimmt hat, was aber aus meiner Sicht mehr damit zu tun hatte, mit der großen sangeskundigen Familie aufzufallen und anzugeben, wofür nicht nur ich mich stets schämte.

Nach dem Gottesdienst und vor dem Mittagsfestessen durften wir, weil der Kurat es uns gestattet hatte, ausnahmsweise in die sogenannten Schwalbennester, die winzigen Emporen direkt unter der Kirchendecke, wo man wie die Putten auf gleicher Höhe über dem Kirchenraum und den Gläubigen schwebte, und in den Turm der Wieskirche steigen. Wir hätten zuvor besser auf die Uhr gesehen. Denn als wir ganz nach oben gestiegen waren, wo kurz unter der Turmspitze innen keine Treppen, sondern nur noch Leitern weiterführten, schlug es Mittag. Wir aber hockten im Gebälk noch oberhalb der Glocken, die nach der Uhr ihr sonntägliches Mittagsläuten begannen, was bei uns wie das Sturmläuten der Schweden vor Magdeburg ankam, für uns, die wir festgekrallt über den bedrohlich schwingenden Glocken im bebenden Gebälk kauerten, den apokalyptischen Glockensturm ertragend, zumal der ganze Turm zitterte und schwankte unter der Wucht des Geläuts. Als ich das Tosen und Beben der Festglocken überstanden hatte, da wusste ich, dass mir so schnell nichts im Leben etwas anhaben könnte.

Gottvertrauen war es, was unsere Eltern befähigte, uns Kinder oftmals an sehr langem Zügel laufen zu lassen, in dem Zutrauen, uns könne einfach nichts zustoßen, wenn wir uns einigermaßen vernünftig benähmen, ein Zutrauen manchmal hart am Rande der Vernachlässigung. Dieses Gottvertrauen aber gab den Eltern eine heroische Tat ein, die unserer Tante Cilli und zwei ihrer Töchter ein Leben in Einsamkeit fern der Familie und der Verwandtschaft und unter nicht eben besonders fröhlichen Verhältnissen erspart hat. Ich war längst im Internat, war zu Besuch zu Hause, war, eigentlich viel zu klein für solche Abenteuer mit meinen vierzehn Jahren, dann auf Mittenwaldheimwehreise gegangen und wohnte ein paar Tage in der Mittenwalder Jugendherberge nahe der Lebensgefahr an der Isar, wo einst der Schneesturm beinahe unsere Schwester Gertrud verschlungen hätte.

Die Zone, wie die Deutsche Demokratische Republik damals noch hieß und in der unsere Tante Cilli und ihre Familie zu Hause waren, hatte die Grenzen geschlossen und die Berliner Mauer zu bauen begonnen, was sich mir Buben in besonders eindringlicher Weise mitteilte, denn an dem Morgen war der Speisesaal der Mittenwalder Jugendherberge schon beim Frühstück angefüllt mit Dutzenden flennenden jungen Leuten. Wie sich erwies, waren in jenem August mindestens zwei Drittel der Herbergsgäste im Schatten des Karwendelgebirges Jugendliche aus der DDR, die wie Tausende andere auch ohne Wissen ihres Regimes den Westen bereisten, um dann harmlos von einem Verwandtenbesuch in Westberlin in Heimat und Elternhaus heimzukehren. So hatte es auch immer unser Vetter Aloys gemacht, der auf diese Weise bis nach Marokko und in den Nahen Osten gekommen war, wo ihn als – letztlich erfolglosen – Theologiestudenten natürlich das Heilige Land besonders interessierte, um dann scheinheilig wieder im heimatlichen Osten unterzuschlüpfen. Da saßen sie nun, diskutierten, rangen mit sich und dem Schicksal, heulten, ob sie nun im Westen bleiben oder in die Zone zurückkehren sollten, suchten unentwegt mit zu Hause zu telefonieren, was sonst schon kompliziert und schwierig war, an diesem Tag angesichts des Ansturms aber gänzlich scheitern musste. Wieder zu Hause in Ostwestfalen fand ich die Eltern in tiefer Sorge vor, was wohl mit Tante Cilli, ihrer größeren Tochter Maria und der kleinen Adelheid, unserer Cousine mit Downsyndrom geschehen solle, die in Teltow im Osten saßen, wo schon der Großvater in die Luft geflogen war. Durch Zufall waren Onkel Karl und die vier weiteren Cousinen und Vettern im Westen Berlins gewesen, als gewaltsam Schluss war mit der Grenzgängerei.

Vater meinte, da sei nichts zu machen, Mutter meinte, da müsse doch etwas zu machen sein, und sie begann Fluchtpläne zu schmieden, alles unter der Maßgabe, dass man sich beeilen müsse, dass nämlich irgendein Trick, ein Schwindel, ein Täuschungsmanöver nur so lange funktionieren könne, solange die DDR-Grenztruppen ihr Bewachungs- und Kontrollregime noch nicht hätten perfektionieren können und eher dilettantisch handhabten.

Vater und Mutter fuhren nach Berlin, sie mit dem Ausweis der Frau Kippschul in der Tasche, einer hilfreichen Kolonialwarenhändlerin in dem ostwestfälischen Städtchen, sie gingen Tag für Tag in den Osten von Berlin, lösten immer brav ihre Passierscheine am selben Übergang, ohne die ja kein Hinüber- und erst recht kein Herüberkommen war, trugen als Zweck ihres Besuchs stets das berühmte Pergamonmuseum ein, waren bald bekannt wie die bunten Hunde an dem Grenzübergang, oder besser, Vater war bald der bunte Hund, während auf Mutter, die unscheinbare kleine Frau in seinem Schlepptau, niemand achtete. Vater im gamsledernen Kniebundtrachtenanzug, mit dem Vollbart und der weiten Kotzen, dem alpenländischen Umhang, muss den DDR-Grenzorganen, wie die poetisch hießen, wie ein Indianerhäuptling vorgekommen sein, die bald allesamt wussten, tauchte er nur auf, dass da wieder der verrückte Musikus und Alpenprofessor mit seiner Gattin ins Pergamonmuseum pilgerte. Vater brachte sogar die Fidel mit und spielte den DDR-Grenzposten mitten im Grenzgetriebe vor, was als ungeheuer exzentrisch, also ausreichend auffällig seinen zweifelhaften Bekanntheitsgrad bei allen Grenzorganen nochmals steigerte.

Das trieben die Eltern eine Woche lang, bis eines Tages, als die DDR-Grenzer wieder ihre Kleinvorstellung mit dem verschrobenen Kultbayern genossen, Mutter sich klammheimlich verdrückte, Kopftuch und Brille aufsetzte, sich neu in die Reihe der Antragsteller mischte und unter dem Namen der netten Kolonialwarenhändlerin und mit deren Ausweis einen zweiten Passierschein für ihre Schwester Cäcilie in Teltow besorgte und längst wieder unbeobachtet mit zwei Passierscheinen in der Tasche an Vaters Seite war, als der sein theatralisches Alpendrama schloss. Mit diesem fremden Ausweis und dem erschlichenen Passierschein konnte Tante Cilli unbehelligt ausreisen. Mit einem verwandten Trick schleusten kurz darauf unsere Schwester Barbara und eine Freundin die Cousine Maria aus dem Osten in den Westen.

Was aber mit der kleinen Adelheid machen, die zehn Jahre war, sehr freundlich, sehr lebhaft?

Mutter nahm Adelheid einfach mit. Tante Cilli hatte noch geraten, ihrem Kind einzubläuen, dass es nie und nimmer »Tante Edith« zu seiner Tante Edith sagen dürfe; Mutter war dagegen, fürchtete, wenn man dem Kind das verbiete, werde es im falschen Augenblick, nur um Aufmerksamkeit zu ernten, »Tante Edith, Tante Edith!« krähen. Mutter also kam mit Adelheid beim Ausreisen an die Grenze, wurde angeherrscht, das Kind habe keine Papiere und nichts, nicht einmal in ihrem, Mutters, Pass sei sie eingetragen, alles sei skandalös und ungeklärt. Genau, pflichtete Mutter bei, alles sei skandalös und ungeklärt, und zwar aus Verschulden der Grenzer, sie hätten ja doch sie, Edith Frank, mit Adelheid, ihrem eigenen Kinde, am Morgen in die DDR mit oder ohne diese Papiere einreisen lassen, also müsse man sie auch wieder mit oder ohne diese Papiere ausreisen lassen, da es im Gegensatz zur DDR in der Bundesrepublik unüblich sei, Kinder im Pass einzutragen, wie wir tatsächlich nie in der Eltern Reisepässe eingetragen wurden.

Angesichts der Hartleibigkeit der Grenzorgane regte sich Mutter, die immer so leise war, wohl das einzige Mal in ihrem Leben mit dem wohlvorberechneten Mut der Verzweiflung künstlich auf, erhob alttestamentarische Vorwürfe über Schlendrian und Unzuverlässigkeit der Grenzorgane der Deutschen Demokratischen Republik, schraubte sich in ihrer Empörung weiter empor und verlangte, höhere Dienstgrade herbeizuzitieren, um ihrer Beschwerde den nötigen Nachdruck verleihen zu können. Sie muss sich so aufgeführt haben vor aller Welt, dass die Szene der versammelten Staatsmacht so peinlich und die Sache allen Beteiligten so ungemütlich wurde, dass sie diese hysterische Person mit dem debilen Kind nur noch schnell loszuwerden suchten, alle bürokratischen Vorschriften hinter sich lassend. Mutter wurde mit Adelheid eilig gen West weitergeschickt, und siehe, die sonst so lebhafte Adelheid hatte das alles stumm verfolgt, ohne ein Wort. Andernfalls hätte

Mutter mindestens fünf Jahre im »Gelben Elend« in Bautzen zubringen dürfen, dem berüchtigten Stasizuchthaus, wenn man sie nicht gar mindestens fünfzehn Jahre eingesperrt hätte, wegen Beihilfe zur Republikflucht und Menschenraubs, denn die kleine Adelheid war ja nun wahrhaftig nicht ihre Tochter.

Doch da war Mutters Gottvertrauen. Das wenigstens ist ihr auf immer geblieben.

Zu jenen Zeiten dachte ich oft an den Schmalensee. Im Internat wusste ich oft nicht, ob mich das Heimweh nach zu Hause oder das Heimweh nach den Buckelwiesen mehr in die Seele biss. Und wo war der Winter hin, die Massen Schnee und Herrn Neudeggers zweiundvierzig Grad? Manchmal war ja der erste Frost am Schmalensee bei Hochwasser gekommen. Die Erwachsenen im Lager sahen darin eine gefährliche Erscheinung, und die Mannsbilder aus dem Ort selbst, die extra zum Eisstockschießen zum Schmalensee pilgerten, fanden das ganz krass, weil dann die Eisstockbahn krumm und schief wurde. Wir Kinder eroberten uns in solchen Zeiten eine neue Unterwelt. Denn wenn der feste Frost bei Hochwasser kam, dann entstand wie immer eine dicke Eisschicht über dem See, die aber eine viel größere Fläche überspannte als die, die normal gewesen wäre. Hochwasser ging beim Schmalensee immer recht rasch wieder zurück, und so hing die dicke Eisdecke plötzlich in der Luft, ruhte ganz einfach nicht mehr auf der Wasserfläche, die sich wieder zurückgezogen hatte, sondern auf dem Ufer und bildete weite Hohlräume über dem Wasser und besonders überm Land, das gerade noch von Wasser bedeckt gewesen, das dann gefroren war. Da bog sich das Eis im eigenen Gewicht durch, barst, öffnete Spalten und Schrunden, denn die schwere, riesenhafte Eisplatte hielt über der weiten Leere nicht stand, und es entfaltete sich eine bizarre, gewellte, verworfene Eislandschaft. Zwischen den Schrunden und Spalten entstanden Eishügel und Eistäler, und die Eisstockschützen fluchten, weil ihr Feld wilde Wellen warf. Und unter den gefrorenen Platten tat sich die geheimnisvollste Unterwelt auf. Wir wanderten, wenn die Decke hoch genug gefroren war – sie hing ja manchmal bis zu eineinhalb Meter und mehr über dem wieder trockenen Grund – oder krochen bei geringerer Höhe unter dieser Eisdecke auf dem Boden zwischen den Schilfstoppeln herum und suchten nach Getier oder nach Fabelwesen, die wir dort vermuteten. Es war recht unheimlich da unten, denn das konnten schon bis zu fünfzig Meter oder mehr sein, die man tief in die hohle Eiswelt hineinschlüpfen konnte. Dass das Eis über uns einbrechen könnte, daran dachten wir nicht. Die Eisfestigkeit hatten wir irgendwie im Gefühl, ob man bei Tauwetter darauf herumstapfte oder bei Hochwassereis darunter herumkroch. Und die Freunde, die, wir unten, die oben, über uns umherrutschten oder gar Schlittschuh liefen, sahen wir von unten durch die eisige Milchglasscheibe wie geisterhafte Schemen und Schatten dahinschweben, und das Klingen der Schlittschuhe klang fern und ätherisch wie Feengesang, und ihre Rufe kamen bei uns unten wie das Locken der Trolle und Kobolde an. Schlittschuh fahren konnten auf dieser Eiswellenwelt nur die Besten, und auch die warf es immer wieder um, was sich unten unter dem Eis wie das Pochen in einem Bergwerk anhörte.

Wenn wir Glück hatten, gefror der Schmalensee, ohne dass es geschneit hatte. Dann gab es Spiegeleis. Eine dicke Schicht wie Glas, unter dem das Leben auch im tiefsten Winter nie ganz erstarb, wo ich halbe Tage lang auf dem Bauch liegend durch die eisige Aquariumscheibe im braungrünen Dschungel auf dem Grund des Moorsees dem gemächlichen Treiben der Molche, der fast reglosen Fortbewegung von Wasserschnecken und Gewürm, manchem großen und vielen kleinen Fischen folgte, die trotz des bitteren Frostes oben dort unten wandelten und wedelten, als wäre es nicht tiefster Winter.

Es war so eine Spiegeleiszeit, als die Sache mit der Tracht Prügel für alle anstand. Wir hatten tagelang auf dem Eis getollt, wer ein Fahrrad hatte, sauste damit über die blitzende Fläche, bis es abglitschte, es ihn umwarf und er noch zig Meter weiterrutschte auf der glatten Fläche. Nachbarskinder hatten ihre Schlittschuhe. Mir genügte, nur so über das blanke Nichts zu stapfen, so zu tun, als wäre man Jesus und ginge über das Wasser.

Uns alle, die wir mehr als zwei Dutzend Kinder im Lager waren, beseligte diese wasserdunkle Glaseisfläche so sehr, dass wir begannen, die trockenen Schilfstöcke um den See abzurupfen und in dicken Bündeln mitten im Eis, besser auf dem Mittelpunkt des Sees zu stapeln. Der Schilfberg wuchs vielleicht drei, vielleicht auch vier Meter hoch, er war jedenfalls riesig. In der Dämmerung versuchten wir auch wieder einmal das Schilf wie dicke Zigarren zu rauchen, wovon uns immer schlecht wurde, und dann zündeten wir den Schilfkarwendel auf dem Schmalensee an. Eine gewaltige Lohe schlug ins Nachtdunkel. Sie muss von Ferne die Anmutung gehabt haben, als hüpften viele kleine Rumpelstilzchen um einen Vulkan und heckten Schreckliches aus, denn irgendwann, als der Brand himmelhoch schlug, kamen Leute gerannt, schrien und kreischten, griffen nach uns Kindern, ohrfeigten den einen oder anderen und zerrten uns weg vom Feuer und herunter vom Eis und weg vom See. So sahen wir das Fanal betrübt nur noch von Ferne Funken sprühen und Stunden später verglühen.

Und so bekamen alle Prügel. Nicht nur, dass Zündeln prinzipiell unter die Schwerstverbrechen gerechnet wurde, nicht nur zu Hause, sondern in allen Häusern des Lagers, so hatte die Alten Panik erfasst, das Feuer könnte durch das Eis glühen, es zum Schmelzen bringen und mit uns, all den kleinen frechen Rumpelstilzchen, die es umtanzten, im Grund des eiskalten Sees versinken.

Der Schrecken muss fürchterlich gewesen sein, so alttestamentarisch wie die Strafaktion danach.

Nur in einem Hause herrschte Gelassenheit und Frieden. Ergrimmt nahmen wir zur Kenntnis, dass allein die drei an Leib und Seele unverschämt aufgeschossenen Neudegger-Kinder ungeschoren davongekommen waren, obwohl wir denen eine handgreifliche, väterliche Belehrung nur zu sehr vergönnt hätten. Während sonst überall die Rute umging, hatte Herr Neudegger längst berechnet, dass drei, vier Stunden Feuer am Abend gar nichts bedeuteten, dass, wie er uns später vorrechnete, die Eisdecke, auf der der riesige Schilfhaufen seine prasselnde Lohe in den Himmel geworfen hatte, wegen der selbst für den Schmalensee lang anhaltenden Frostperiode mindestens zwanzig Zentimeter dick gewesen sei, was wiederum mindestens drei volle Tage heller Feuersbrunst verlangt hätte, um durchzubrennen.